Ein Millionär als Traumpartner

Mein aufrichtiger Dank gilt

Gisela Nehrbaß
Ohne ihre Motivation
wäre dieses Buch nicht entstanden.

Ernst Crameri

Ein Millionär als Traumpartner

Erfolgsstrategien für eine glückliche
und zufriedene Partnerschaft

Tipps, die sofort in die Tat umsetzbar sind
Auch für Männer geeignet

Bibliografische Information der Deutschen Nationalbibliothek:
Die Deutsche Nationalbibliothek verzeichnet diese Publikation in der Deutschen
Nationalbibliografie; detaillierte bibliografische Daten sind im Internet über
< http://dnb.d-nb.de > abrufbar.

© Crameri Ernst
2. Auflage 2007
Crameri Naturkosmetik Beauty & Wellness GmbH
Herstellung: Books on Demand GmbH, Norderstedt

ISBN 10: 3-86689-000-1
ISBN 13: 978-3-86689-000-8

Inhaltsverzeichnis

Vorwort 9
Wer ist schuld? 13
Wieso habe ich mich darauf eingelassen? 17
Ziehen Sie jetzt Bilanz 21
Die Ausgangsbasis 25
Das Unternehmen Partnerschaft 27
Marktanalyse 31
Es gibt viele Frauen/Männer, doch welche/r ist die/der Richtige? 33
Unsere Grundmuster 37
    Eltern 40
    Familie 44
    Kindergarten 46
    Schule 47
    Die Lehre 48
    Der oder die Chefs nach der Ausbildung 51
    Kollegen 51
    Kunden 53
    Nachbarn 54
    Freunde 56
Beeinflussung von der Wiege bis zur Bahre 59
Die Erfolgsformel lautet Z + P + T + K 65
Mein Traummann, welche Eigenschaften muss er haben? 69
Wie muss Ihr neuer Partner sein? 73
Was muss Ihr neuer Traumpartner verkörpern? 75
    Das Aussehen meines neuen Partners 76
    Die kleinsten Details sind wichtig 78
    Die Füße 78
    Die Beine 80
    Der Po 81
    Der Penis 81

- Der Bauch ... 82
- Der Oberkörper ... 83
- Die Arme ... 83
- Die Hände ... 83
- Der Rücken ... 84
- Das Gesicht ... 85
- Die Zähne ... 87
- Die Haare ... 89
- Die Augen ... 90
- Der Kopf ... 90
- Hygiene und Pflege ... 90
- Die inneren Werte sind doch wichtiger! ... 91
- Der Beruf ... 92
- Das liebe Geld ... 96
- Freunde ... 100
- Familie ... 102
- Hobbys ... 105
- Einstellung zum Leben ... 106
- Man muss auch mal zufrieden sein ... 108
- Sie haben es in der Hand ... 110
- Hören Sie auf zu träumen, machen Sie es wahr ... 110
- Studieren Sie die nächsten Tage ... 111

Feintuning ... 113
Darum prüfe, wer sich ewig bindet! ... 115
Partnerschaft muss Ergänzung sein ... 119
Wieso so aufwändig, oder was soll der Quatsch? ... 121
Der Glaube ist sehr wichtig ... 125
Hier ein Beispiel ... 127
Angst und Zweifel ... 133
Der entscheidende Tag kam ... 135
Durchhaltevermögen ... 137
Der Glaube kann Berge versetzen ... 139
Blockaden auf dem Weg zum Erfolg ... 141
Konsequenz mit System führt zwangsläufig zum Erfolg ... 145

- Zurückhaltung 147
- Jeder Tag ist eine neue Chance 149
- Anforderungen an Sie 151
- Der große Fehler 155
- Sie können jetzt alles glauben oder nicht 157
- Coaching, die ideale Form 159
- Strategien müssen verfolgt werden 161
- Jeder Mensch hat seine Grundzüge 163
- Das Leben ist so schnell vorbei 167
- Lehrgang 169

Vorwort

Sinn dieses Buches

Als Fachautor für Lebenshilfebücher und als Beauty & Wellness-Spezialist mache ich mir viele Gedanken. Wie kann ich den Menschen helfen, dass es ihnen besser geht? Sie ein ruhiges, schönes und glückliches Leben hier auf Erden führen können? Das ist wahrlich eine der schönsten Aufgaben, die wir haben. Anderen Menschen zu helfen, dass es ihnen gut geht. Ich habe mich dieser Aufgabe bereits vor drei Jahrzehnten verschrieben.

Ich möchte mich ganz herzlich bei Ihnen bedanken. Schön, dass Sie dieses Buch gekauft haben. Klasse, dass Sie bereit sind, sich mit einem der wichtigsten Themen, der eigenen Partnerschaft, zu beschäftigen. Darin liegt der große Segen hier auf Erden. Wenn wir glücklich und zufrieden in unserer Partnerschaft sind, haben wir auch die nötige Kraft und Energie für die vielen Aufgaben des Lebens.

Deshalb die ganz große Frage:
Was benötigen wir Menschen am allermeisten?

Eine vernünftig funktionierende Partnerschaft, das ist die Ausgangsbasis, um ein schönes Leben zu führen. Es ist das, was der heutige Mensch mehr denn je benötigt, einen Rahmen, in dem Kraft und Lebensfreude getankt werden können. Eine Oase des Zusammenhaltes, der Liebe, der Freude, des gegenseitigen Forderns und Förderns.

Wie sieht es mittlerweile aus? Schauen wir uns einfach mal um. Wie steht es mit unserer eigenen Partnerschaft oder mit Partnerschaften in unserem Umfeld? Es kriselt fast an allen Ecken und Enden. Nur wenige Partnerschaften sind intakt.

Trennungen, Scheidungen, Schmerzen, Kämpfe ohne Ende (Rosenkrieg) sind die Folge. Was zurück bleibt, sind oft nur Trümmer. Viele Jahre des Verdrusses, des Kampfes. Alles was über Jahre an Gütern und immateriellen Werten aufgebaut wurde, wird auseinander gerissen. Auf allen Seiten gibt es Verlierer. Traurig, wenn dann noch Kinder im Spiel sind.

Wie heißt es so schön? Scheidung ist schlimmer als der Tod! Denn Tod bedeutet immer das Ende. Scheidung bedeutet in der Regel Kampf. Und wo gekämpft wird, gibt es immer Verluste auf beiden Seiten. Teilweise ist es so schlimm, dass manche sich ein Leben lang nicht mehr davon erholen. Es ist mehr als unverständlich, wenn man selbst zu den Verlassenen gehört, zu den Gedemütigten. Das geht ganz tief in Fleisch und Blut über. Mit dieser Last versuchen dann viele, in einer neuen Partnerschaft ein neues Glück zu finden, stets in der großen Hoffnung, es möge besser funktionieren. Doch nur darauf zu hoffen, ist letztlich eine sehr wackelige Angelegenheit und auch mehr als unklug. Wir können keine vernünftige und solide Partnerschaft auf der Basis eines Zufallsprinzips aufbauen.

Dieses Buch dient Ihnen, in die wunderschöne Gemeinschaft einer Beziehung einzukehren. Im vollen Bewusstsein Ihres gesamten Fühlens, Denkens und Handelns. Überlassen Sie nichts mehr dem Zufall, sondern gehen Sie hellwach und gezielt vor. Sie halten das für verrückt oder sogar unrealistisch? Geben Sie sich trotzdem die Chance. Wenn nicht jetzt, wann dann? Unser großes Problem ist, dass wir uns unsere eigene Realität erschaffen und dann oft nichts anderes mehr zulassen. Wenn Sie dies nicht entsprechend steuern, dürfen Sie auch nicht erstaunt sein, wenn dabei immer das Gleiche rauskommt. Für eine neue Partnerschaft müssen Sie sich öffnen. Beschreiten Sie neue Wege, haben Sie den Mut dazu. Sie werden mit Sicherheit dafür belohnt. Bedenken Sie stets, von alleine wird sich rein gar nichts tun. Sie müssen aktiv werden, die ersten Schritte einleiten und dann konsequent den Weg verfolgen.

Viel Leid und Elend ließe sich von Anfang an vermeiden, wenn sich bereits im Vorfeld jeder Mensch bewusst und klar Gedanken machen würde: Was will ich? Was will ich wirklich? Wie soll mein neuer Partner sein? Wie soll er auf gar keinen Fall sein? Was liebe ich über alles? Was hasse ich? Was tut mir gut? Was tut mir nicht gut? Darauf folgt der wichtige Schritt: Handeln! Sonst fängt das Drama mit der falschen Auswahl wieder in kleinen Schritten von vorne an. Im Laufe der Zeit entwickelt das Ganze eine immer größere Dynamik. Das böse Ende lässt nicht lange auf sich warten.

Vergleichen Sie es mit der Arbeit eines Fischers. Er geht fischen. Wieso macht er das? Er will Fische fangen und nichts anderes. Die nächste Überlegung ist, welche Fische möchte er fangen? Denn in unterschiedlichen Gewässern schwimmen in der Regel unterschiedliche Fischsorten. Wenn er zum Beispiel Lachse fangen will, dann macht es für ihn keinen Sinn, dort zu fischen, wo es nur Forellen gibt. Das gilt auch für Ihre Partnerschaft, im übertragenen Sinne natürlich. Wenn Sie wissen, welchen Partner Sie gern hätten, dann müssen Sie sich zwangsläufig dort aufhalten, wo Sie ihn finden können. Wie soll es sonst funktionieren? Hier ein kleines Beispiel von einer netten, jungen Frau in den Dreißigern. Sie träumt von einem soliden Partner, der etwas in seinem Leben aufgebaut hat und finanziell unabhängig ist. Sie geht aber jede Woche in Diskotheken, in denen sich vorwiegend Jugendliche aufhalten. Das kann natürlich nicht funktionieren. Die Enttäuschung ist vorprogrammiert.

Seien Sie offen, lesen Sie dieses Buch in Ruhe. Wenn Sie mit manchem nicht gleich einverstanden sind, lassen Sie es einfach so stehen. Wir Menschen tendieren leider dazu, alles Neue zunächst abzulehnen. Es ist sehr schade, wenn Sie so vorgehen. Nehmen Sie das Buch immer wieder zur Hand und fangen Sie einfach an, die einzelnen Dinge Schritt für Schritt umzusetzen. Auf eines sollten Sie dabei unbedingt achten: Hüten Sie sich davor, Ihrer besten Freundin etwas davon zu erzählen. In aller Regel wird sie es nicht für richtig halten und Ihnen dringend davon abraten, es vielleicht sogar ins Lächerliche ziehen. Jetzt haben Sie ein Problem. Selbst schon ein wenig unsicher, wird so ein Verhalten Sie natürlich weiter verunsichern. Da kann es leicht passieren, dass Sie dann doch lieber gar nichts machen.

Ich wünsche Ihnen von ganzem Herzen alles Liebe und Gute und vor allem eine funktionierende, glückliche Partnerschaft.

Nehmen Sie Ihr Leben in die Hand. Packen Sie es an. Überlassen Sie nichts mehr dem Zufall.

Herzlichst
Ihr Ernst Crameri

Wer ist schuld?

Wenn etwas schief geht, nicht so läuft wie man es gerne hätte, taucht bei den meisten Menschen oft die Frage auf: Wer ist schuld? Wen kann ich dafür verantwortlich machen?

Ausreden
Es ist in der Tat das Einfachste, die Schuld einem anderen zu geben. Sehr schnell sind der oder die Schuldige ausfindig gemacht und so versucht man, sich aus der Verantwortung zu ziehen. Wie oft hören wir dabei die Sätze: Ich wollte immer, aber …! Ich hätte schon, aber …! Das sind Aussagen, die nichts bringen und nur die eigene Position unnötig schwächen.

Du bist schuld
Das ist nicht die hohe Lebensreife und der ewig andauernde Kindergarten: Du bist schuld, du bist schuld, du bist schuld und ich bin so lieb! Wenn Sie diese Zeilen lesen, denken Sie an einen Erwachsenen, der dies gerade trotzig sagt. Wie hört sich das an? Lächerlich, oder? Auch wenn Sie jetzt vielleicht nicht ganz damit einverstanden sind, denn es kann leicht passieren, dass sich Ihr Inneres meldet und es anders sieht. Das ist ganz normal. Jetzt ist der Moment gekommen, in dem Sie die Schuldzuweisungen abschaffen sollten. Für ein besseres und harmonischeres Leben.

Schuld gleich Macht
Es ist nicht nur sehr traurig, wenn man nicht zu den eigenen Fehlern stehen kann. Dazu kommt noch erschwerend: *Wer anderen die Schuld gibt – gibt Ihnen die Macht über sein Leben!* Man erklärt sich selbst als ohnmächtig. Nicht fähig für Dinge, die geschehen sind, selbst geradezustehen, daraus zu lernen und es besser zu machen. So lebt man sein Leben buchstäblich ferngesteuert, immer von anderen abhängig, was

diese meinen und tun. Eines Tages werden Sie, wie so viele Menschen feststellen: Wenn ich das alles gewusst hätte, hätte ich so manches anders gemacht! Wenn dann noch die Erkenntnis hinzukommt, dass es zu spät ist, wird es mehr als traurig. Spätestens jetzt taucht die Frage auf: Das soll alles in meinem Leben gewesen sein? Möchten Sie wirklich so enden? Ich glaube nicht, denn sonst hätten Sie dieses Buch niemals gekauft.

Verantwortung tragen

Eine der wichtigsten Maxime: Tragen Sie ab sofort die Verantwortung für alles, was in Ihrem Leben geschieht. Wenn Dinge gelaufen sind, waren Sie stets daran beteiligt. Letztlich benötigt es immer mindestens zwei Menschen, um Situationen entstehen zu lassen, die ein so höchst aktives und empfindliches System wie eine Partnerschaft zum Kippen bringen. Jeder hat dazu beigetragen, alles andere wäre nur gelogen. Sollten wir vor so einem Trümmerhaufen stehen, können wir nicht einfach hingehen und sagen: „Der Andere ist schuld!"

Der Andere ist schuld

Fühlen Sie sich wohl in der Opferrolle? Ich glaube nicht, es gibt sicherlich schönere Rollen. Wenn Sie sich eingestehen, dass Sie Fehler gemacht haben, wird es Ihnen besser gehen. Sie kommen dadurch in die aktive Phase. Genau da gehören Sie hin. Machen Sie diese Opferrollen-Spiele nie mehr mit, dazu ist Ihr Leben viel zu wertvoll.

Entscheidung gefällt

Haben Sie sich damals nicht selbst dazu entschieden, sich mit dieser Person einzulassen? Oder wurden Sie dazu gezwungen? Natürlich nicht! Wir leben Gott sei Dank, in einem freien Land. Gab es nicht auch Stimmen, die das Ganze für nicht so gut hielten? Die Sie vielleicht sogar gewarnt oder zumindest darauf hingewiesen haben, vorsichtig zu sein? Was haben Sie gemacht? Sie sind Ihren Weg unbeirrt, und vielleicht auch unbelehrbar weiter gegangen. In der Hoffnung, alles hat schon seine Richtigkeit, dass Ihnen das nicht passieren kann, was bei anderen passiert. Jetzt stehen Sie vor einem ganz ähnlichen Trümmerhaufen.

Trümmerhaufen

Das Ende einer Partnerschaft hinterlässt oft einen Trümmerhaufen und Chaos. Nun kommt es ausschließlich auf Sie an. Wie werden Sie damit umgehen? Was werden Sie daraus machen? Was haben Sie daraus gelernt?

Lernstück

Wie heißt es so schön: Fehler sind dazu da, dass man sie macht! Soweit so gut, nur was nehmen Sie aus dieser Situation mit in Ihr neues Leben? Jetzt, wo die ganze Seifenblase geplatzt ist, gibt es nur noch zwei Möglichkeiten: Sie stecken den Kopf in den Sand, dann werden Sie sehr bald mit den Zähnen knirschen, oder Sie ziehen Bilanz. Das Leben muss und wird weiter gehen. Packen Sie es an!

Klarheit schaffen

Bilanz können Sie nur dann optimal ziehen, wenn Sie niemandem mehr die Schuld geben. Nicht Ihr Partner ist schuld, die Schwiegereltern, der Schwager, der Chef oder andere. Es ist, wie es ist, und daran können Sie nichts mehr ändern. Nun die Frage: Wie soll es weiter gehen? Damit es überhaupt weitergeht, müssen Sie Ihr Leben in die Hand nehmen. Dadurch werden Sie frei und unabhängig.

Ärmel hochkrempeln

Werden Sie sich klar darüber, was Sie wollen, was Sie wirklich wollen, und was Sie nie mehr wollen. Krempeln Sie die Ärmel hoch und los geht es. Das Motto heißt nun: Lerne aus den Fehlern der Vergangenheit, für eine bessere Zukunft! Die alte Geschichte ist vorbei. Sie sind vielleicht schon frei und der Garten Eden liegt Ihnen zu Füßen. An Ihnen ist es, die richtige Wahl zu treffen! Sich nicht einfach wieder in die nächste Geschichte zu stürzen.

Meisterleistung

Machen Sie ab sofort eine Meisterleistung aus Ihrem Leben. Nicht die Vergangenheit zählt, sondern ausschließlich die Gegenwart und die Zukunft. Glauben Sie mir, es liegt nur an Ihnen, was Sie daraus machen. Sie haben Ihr Leben in Ihren eigenen Händen.

Wieso habe ich mich darauf eingelassen?

Das ist zum Schluss immer die große Frage. Wieso, wieso? Von früh morgens bis spät abends. Was bringt diese Frage jetzt noch? Wie sagen die Chinesen so schön? *„Es ist vergebene Liebesmühe, über verschüttete Milch von gestern nachzudenken!"* Gestern war gestern und es gibt kein Zurück mehr. Es geht immer nur in Richtung Zukunft. Wir sind die einzigen Geschöpfe hier auf der Erde, die ihre Zukunft planen können. Dann gibt es die Gegenwart, das Wichtigste überhaupt. Das ist genau der Moment, in dem Sie sich jetzt befinden. Der einzige Augenblick, den Sie fest in Ihrer Hand haben. Die Gegenwart, der jetzige Moment, ist zum Handeln da. Sie können entscheiden: Lese ich weiter oder nicht? Es liegt in Ihrer Hand. Wenn Sie weiter lesen, werden Sie viele wertvolle Inputs für Ihr gesamtes Leben erhalten. Wenn nicht, werden Ihnen diese Inputs verwehrt bleiben. Sie entscheiden einmal mehr in Ihrem Leben, wo es hinführen soll.

Zufallsprinzip
Meistens fangen alle Partnerschaften aus reinem Zufall an. Betrachten wir es aus der Nähe. Irgendwann waren Sie unterwegs, in einem Lokal, auf einem Fest, einer Veranstaltung, bei Freunden, im Urlaub oder sonst wo auf dieser Erde. Dort ist Ihnen jemand über den Weg gelaufen, sie haben sich kennen gelernt, sind sich näher gekommen, fanden sich sympathisch. Das Ganze hat sich zusehends weiter entwickelt.

Blitz eingeschlagen
Sie kennen es bestimmt vom Hörensagen: Man sieht jemanden, der Blitz schlägt ein! Was für ein Traum! Dann geht alles sehr schnell. Gesucht und gefunden, da passt es einfach. Die Realität sieht jedoch etwas anders aus.

Traumperson
In der Regel ist es nicht die Traumperson, die vor uns steht. Trotzdem kommt man sich näher und näher. Aus dem Hauch, den Anderen nett zu finden, wird Sympathie und irgendwann so etwas wie Liebe. Wenn man die Betroffenen fragt, ob es die große Liebe war, wird dies fast immer verneint. Meistens heißt es: „Es war ganz nett, wir sind uns näher gekommen und dann war es eben so." Man schläft zusammen, gewöhnt sich so langsam aneinander und bevor man sich versieht, ist man mittendrin.

Halbheiten
Der ursprüngliche Traum war die große Liebe. Man hatte ein paar Vorstellungen, jedoch nichts Konkretes. Wie sagen die alten Engadiner so schön? „Du bist gefangen!" Dadurch ist man für weitere Beziehungen blockiert. Je länger sie dauert, desto mehr Gewohnheit schleicht sich ein.

Umwelt
Tag für Tag bekommen wir es vorgelebt. Sehen wir uns in nächster Umgebung um, müssen wir feststellen, dass Beziehungen nicht so rund laufen, wie es sein sollte. Bei Gesprächen hört man die klugen Sprüche und Ratschläge: „So ist es halt. Bei mir ist es auch so, da musst du dich einfach arrangieren!" Da kommt sehr schnell der Gedanke auf, dass dies wohl das Leben sein muss.

Die ganze Blubberblase
Durch das Öffnen für die neue Beziehung, werden wir immer fester in diese eingebunden. Im Laufe der Zeit lernen wir die Verwandtschaft, die Freunde, das ganze Beziehungsgeflecht unseres Partners kennen. Da gibt es die unterschiedlichsten Leute: Nette, mit denen man gerne zusammen ist, und auch andere. Je länger die Beziehung dauert, umso intensiver wird sie. Als großes, tragendes Element kommt die Gewohnheit hinzu. Diese hat immer sehr viel mit einer gewissen Bequemlichkeit und mit dem eigenen Komfort zu tun.

Sich damit abfinden
Irgendwann ist die Zeit des Abfindens gekommen. Das ist so ziemlich der traurigste Moment. Zum Glück hat es sich heutzutage ein wenig gewandelt. Schauen wir unsere Eltern und Großeltern an. Ihre Ehen wurden bis zum Ende durchgezogen. Egal wie unglücklich viele Beziehungen waren oder teilweise noch sind. Durchhalten war und ist die Devise! Das ist per se gut und richtig, sollte jedoch nicht zur Selbstaufgabe führen.

Innere Stimme
Ab und an meldet sich die innere Stimme, so wie fliegende Fische, man sieht sie kurz aus dem Wasser hüpfen und schon sind sie wieder untergetaucht. Fragen tauchen auf: Ob das wohl der richtige Partner ist? Ob das funktionieren wird? Es gibt Dinge, die stören. Leiser Zweifel steigt auf und öfter auch die Sehnsucht nach einem anderen lieben Menschen.

Angst beschleicht uns
Es ist die Angst vor der unerfüllten Liebe. Die Frage, ob das wirklich schon alles gewesen ist? Teilweise können wir es nicht glauben, doch andere bestätigen es immer wieder, dass das normal ist. Eine Zeitlang findet man sich damit ab. Aber dann kommen die Zweifel wieder. Man wagt es, sich in Gedanken ein wenig aus dem Fenster zu lehnen, sich gedanklich zu trennen, etwas anderes einzugehen. Nur da ist oft nichts, und schon bekommt man neue Angst. Dieses Mal eine andere, die schlimmste Angst, die Menschen haben können: Die Angst vor dem Alleinsein!

Die Geschichte wiederholt sich
Eines der traurigsten Kapitel in unserem Leben ist die Wiederholung. Das Nicht-Verstehen, das Nicht-Lernen, und schon geht es wieder von vorne los. So kommt es, dass man in absehbarer Zeit wieder fest in einer neuen Partnerschaft ist. Obwohl man tief im Inneren gespürt hat, dass es nicht der große Traum ist. Das ist mehr als schade, denn viele Jahre werden dadurch vergeudet.

Überlegen vor Handeln

Wenn wir uns ein paar Gedanken mehr gemacht hätten, was wir wollen, was wir wirklich wollen, bin ich mir sicher, wäre einiges anders gelaufen. Was leider immer und immer wieder fehlt, ist Mut, die Dinge klar und deutlich zu erkennen und entsprechend umzusetzen, ohne dabei nach rechts und links zu schauen. Ganz klar auf seinen Bauch hören und danach zu handeln. Genau das ist das große Problem. Durch die verschiedenen Erziehungsphasen, die wir alle genießen durften, ist leider so manches schlicht und einfach wegdressiert worden.

Ziehen Sie jetzt Bilanz

Wenn eine Sache als gescheitert anzusehen ist, macht es keinen Sinn, länger damit zu hadern oder vielleicht sogar dagegen zu kämpfen. Denn Kampf ist immer Krampf. Oft werden die schlimmsten Kämpfe ausgefochten. Mit keinem anderen Menschen auf dieser Erde geht man so sehr ins Gericht wie mit dem Ex-Partner. Das ist dumm. Immerhin hat man sich mal geliebt, ist ein Stück des Weges gemeinsam gegangen. Das scheint alles vergessen zu sein, jetzt geht es nur noch darum, Recht zu haben. Anstatt sich mit Würde zurückzuziehen und das Ganze als das anzuschauen, was es war: Eine schöne oder auch weniger schöne Zeit, als etwas das vorbei ist. Wieso muss jetzt noch gekämpft und soviel Lebensenergie vergeudet werden?

Heimzahlen

Es sieht fast so aus, als würde es zur neuen Sportart werden, dem Partner jede Kleinigkeit, die sich irgendwann einmal zugetragen hat und an der man selbst immer in irgendeiner Form beteiligt war, zurückzuzahlen. Da werden die schlimmsten Hassgelüste gepflegt. Die vielen wertvollen Tipps von Freunden steigern das Ganze. Schlussendlich gibt es noch Anwälte, die den Braten riechen und sich natürlich nicht unbedingt das eigene Geschäft kaputt machen wollen. Niemand sägt schließlich den Ast ab, auf dem er sitzt. Das alles macht es nur noch schlimmer, getreu dem Motto: Wenn Zwei sich streiten, freut sich der Dritte.

Jahrelanger Kampf

Viele Jahre wird um Dinge gekämpft, die es nicht wert sind. Anstatt sich auf das neue Leben vorzubereiten, wird sich viel lieber im alten Sumpf rumgesuhlt. Mit dem Resultat, dass zu den Blessuren weitere hinzukommen. Was muss es doch für Spaß machen, den anderen mit Schmutz zu bewerfen und sich dann wieder selbst bewerfen zu lassen. Das ist ein tolles Feeling, das baut auf.

Geldvernichtungs-Maschine

Scheidungen sind die besten Geldvernichtungs-Maschinen. Vor lauter Heldentum und Hetze verlieren viele jeglichen Bezug zur Realität. Es geht nur noch um Vernichtung, ohne zu bedenken, dass jeder der vernichtet, auch selbst immer vernichtet wird.

Emotionen pur

Das Schlimmste im Leben sind die Emotionen. Sie sind schwer steuerbar und fast nicht zu bändigen. Wenn zusätzlich noch nette Menschen mitspielen und man darin bestärkt wird, dass man im Recht ist, nimmt es meistens ein böses Ende.

Bleiben Sie realistisch

Realistisch bleiben ist sehr schwer, es lohnt sich aber. Nehmen Sie das Böse raus, wenn es irgendwie machbar ist. Betrachten Sie alles auch immer aus Sicht der Gegenseite. Lassen Sie sich von niemandem aufhetzen. Wenn Ihr Anwalt meint: „Das gewinnen wir!", dann wäre ich sehr vorsichtig, denn wie heißt es so schön? Vor Gericht ist es wie auf hoher See, man ist in Gottes Hand! Kein Mensch, somit auch kein Anwalt, kann voraussehen, wie das Gericht entscheidet. Bedenken Sie: Die Zeche zahlen Sie und nicht Ihr Anwalt.

Ping Pong

Vielleicht haben Sie es schon erlebt, dass von der Gegenseite ein Anwaltsschreiben mit irgendwelchen Behauptungen kommt. Da kann man sich richtig schön aufregen und das Leben unnötig schwer machen lassen. Nächtelang nicht schlafen, andere Leute damit nerven, wieder zum eigenen Anwalt rennen und zum Gegenschlag ausholen. Da sitzen Sie nun bei Ihrem Anwalt und er hört sich alles an. Er diktiert das Gegenschreiben auf Band. Vielleicht dürfen Sie noch etwas dazu beitragen, um es zu untermauern.

Voller Hoffnung

So gehen Sie voller Hoffnung, es dem anderen gezeigt zu haben, nach Hause. In diesem Glauben leben Sie bis zum nächsten Schreiben. Es vergehen in der Regel viele Monate, wenn nicht sogar Jahre. Dann taucht ein Gerichtstermin auf, es geht zur Sache. Sie werden sicherlich nicht so gut schlafen. Man wird sich wieder sehen und was wird dann sein? Werden Sie die Nerven behalten? Ihr Anwalt sagt bestimmt: „Das kriegen wir schon hin, ich bin doch dabei."

Der Gerichtstermin
Nach einer in der Regel schlaflosen Nacht gehen Sie zum Termin. Sie sind nervös, blicken sich um und sehen endlich Ihren Anwalt. Dann die Gegenseite: Wie sieht er/sie nur aus? Da ist auch der Gegenanwalt. So wartet man in gebührendem Abstand auf dem Flur oder geht ins Sitzungszimmer. Jeder nimmt auf einer Seite Platz. Schön brav sitzen Sie neben Ihrem Anwalt und mustern die Gegenpartei. Ist noch ein Hauch von Gefühl da oder nur Hass? Schwer zu sagen.

Der Richter tritt ein
Dann geht die Türe auf und der Richter tritt ein. Ihr Anwalt flüstert: „Aufstehen!" Sie tun es automatisch, um sich gleich wieder zu setzen. Der Richter liest die Geschichte vor und so nimmt alles seinen Lauf. Sie und die Gegenseite werden gefragt und stehen Rede und Antwort. Am Anfang ist alles noch ganz harmlos, dann geht es zusehends in die Tiefe. Oft fängt noch der Gegenanwalt an, komische Dinge zu fragen. Es wird langsam immer ungemütlicher, die Fronten verhärten sich.

Alles ein Spiel
Wie sagen viele Anwälte so schön? Es ist alles nur ein Spiel! Diese Spiele dauern allerdings ihre Zeit. Irgendwann, nach vielen Monaten oder erst nach Jahren, nimmt der Irrsinn ein Ende. Zeit, Kraft und viel Geld sind verloren. All das, um Recht zu bekommen? Das Ende sieht in der Regel für beide Seiten nicht gut aus. Dann heißt es, wieder aufbauen. Jetzt können Sie Ihre Wunden lecken und Sorge tragen, dass Sie wieder auf die Beine kommen, ins normale Leben zurückfinden und vielleicht sogar eine neue Partnerschaft aufbauen. Natürlich mit dem Vorsatz, es dieses Mal besser zu machen.

Die Ausgangsbasis

Die alten Wunden sind noch nicht richtig verheilt, aber Sie sind plötzlich frei. Es gibt nichts mehr, um das Sie sich noch streiten könnten. Nun kommt für viele das berühmte schwarze Loch. Die Bande sind durchtrennt, Sie sind frei, völlig frei, und das ist oftmals nicht so einfach.

Vielleicht haben Sie schon wieder eine Beziehung. Wenn nicht, dann werden Sie sich auf den Weg machen. Andere Männer und Frauen gibt es wie Sand in der Wüste. Nur wer könnte etwas für Sie sein? Das ist die große Frage.

Laut dem Statistischen Bundesamt in Wiesbaden sah die Marktsituation 2005 folgendermaßen aus:

- 8,6 Millionen Frauen leben alleine
- 7,1 Millionen Männer leben alleine

Das sind 19,3% aller Bundesbürger

10 Millionen Paare haben Kinder

11,4 Millionen leben ohne Kinder zusammen

Die 2,6 Millionen allein Erziehenden sind mit 87% überwiegend Mütter

Quelle: Statistisches Bundesamt, Wiesbaden 2005

Zu wenig Männer

Betrachten wir die Zahlen nüchtern, können wir feststellen, dass es 1,5 Millionen Singlefrauen mehr gibt als Singlemänner. Es gibt also zu wenig Männer. Sie glauben es nicht? Dann hören Sie sich einfach mal draußen um. Wie oft kommt die Aussage: „Es ist sehr schwierig, einen guten Mann zu finden. Gute Männer sind selten!" Das entspricht in der Tat der Realität. Natürlich gibt es Männer, die Frau haben könnte, die Frage ist nur, für was?

Strategisches Vorgehen

Wer erfolgreich sein will, muss strategisch vorgehen, mit einem klaren Ziel, einem Plan, und dann geht es ums Handeln. Das ist in der Regel das Allerschwierigste. In Anbetracht der Tatsache, dass Träumereien nicht weiterhelfen und es unerlässlich ist, in Aktion zu treten, begibt man sich oft auf den Weg. Nur helfen hier keine Halbherzigkeiten, eine klare strategische Vorgehensweise ist vonnöten.

Die Jagd geht los

Wir könnten schon fast sagen: Die Jagd auf den passenden Beziehungspartner ist eröffnet. Viel besser noch: Die Jagd auf den Traumpartner geht los. Viel Spaß dabei und vor allem ein unendliches Durchhaltevermögen, denn ohne dieses wird es nicht funktionieren. Glauben Sie fest an sich und Ihre Ziele. Lassen Sie sich von nichts, aber auch gar nichts, von Ihrem Weg abbringen.

Das Unternehmen Partnerschaft

Das Unternehmen Partnerschaft ist im wahrsten Sinne des Wortes nichts anderes als eine Firma mit gewissen Vor- und Nachteilen, wie alles im Leben. Hier kommt nun die entscheidende Frage: Wozu dient die Firma? Genauso sollten Sie auch an Ihre neue Partnerschaft herangehen. Was suchen Sie genau? Wozu benötigen Sie die neue Partnerschaft? Was soll sie Ihnen bringen? Was sind Ihre Vorlieben? Was möchten Sie auf gar keinen Fall noch einmal?

Viel zu nüchtern

Nun denken Sie sich vielleicht, mein Gott das ist doch alles viel zu nüchtern, so kann man nicht vorgehen. Es geht hier um Menschen, um Liebe. Sie haben völlig Recht, es geht um Liebe, um Ihre Liebe und vor allem um Ihre Zukunft. Denken Sie daran, es gibt viele Wege die nach Rom führen. Die Frage ist nur, wie wollen Sie vorankommen und in welchem Teil von Rom wollen Sie leben? Im schönen Zentrum oder lieber irgendwo außerhalb, in den Randsiedlungen?

Sehen Sie es nüchtern

Beachten Sie dabei stets, dass Ihre Lebensuhr läuft. Jeden Tag haben Sie 24 Stunden weniger auf Ihrem Lebenskonto. Wie viele Experimente wollen Sie noch machen? Wie lange wollen Sie noch alles dem Zufall überlassen? Wie viele unglückliche Beziehungen möchten Sie noch durchleben? Garantien gibt es keine, man kann jedoch so klar und strategisch wie nur irgendwie möglich vorgehen und so das Risiko minimieren.

Klare Zielsetzungen

Klare Pläne und zielstrebiges Umsetzen führen zwangsläufig zum Erfolg. Diesen werden Sie nicht verhindern können. Das große Problem ist, dass es letztlich doch nicht so wird. Planung ist eine Sache, doch dann kommen die vielen Kompromisse, die wir meistens immer wieder eingehen. Das führt zwangsläufig zur Unvollkommenheit der angestrebten Wünsche und Ziele. Wenn Sie etwas vorhaben, alles feststeht, halten Sie sich daran. Setzen Sie die berühmten Scheuklappen auf, los geht's, ohne nach rechts und links zu schauen. Auch wenn es manchmal so aussieht, als wäre ein anderer Weg einfacher. Lassen Sie sich nicht täuschen. Das Gute, das Besondere ist nun einmal oft weiter entfernt und mit mehr Mühe verbunden.

Wie sollte der/die Neue sein?

Fragen über Fragen, die Sie bitte ganz ehrlich beantworten sollten. Es geht um Sie und Ihre Zukunft. Welche Eigenschaften sollte Ihr neuer Partner haben? Wie muss er/sie aussehen? Dazu viele weitere Fragen. Je genauer Sie all diese Fragen beantworten, desto näher kommen Sie Ihrem Ideal. Das ist der erste Schritt. Dann geht es mit dem zweiten Schritt gleich weiter. Wenn man sich schon etwas näher gekommen ist, tauchen viele Fragen auf: Welche Wohnung nehmen wir? Ist vielleicht sogar ein Haus drin? Möchten wir ein Kind? Reicht ein Auto oder benötigen wir zwei? So sind viele Fragen zu klären. Sie benötigen ein sehr genaues Zielbild.

Ihr Zielbild

Sie müssen wissen, worauf Sie zielen wollen. Dann folgt die Konzentration, auch Fokussierung genannt. Vergleichen Sie es mit dem Bogenschießen. In dem Moment, in dem das Ziel klar ist, atmet der Bogenschütze tief durch, legt den Pfeil an, spannt ihn und los geht es. Die meisten Menschen wissen allerdings nicht, wo sie hinzielen sollen. Das verwirrt und kostet unnötig viel Kraft. Schade, es wird irgendetwas getroffen oder der Pfeil geht gänzlich ins Leere.

Zufallsprinzip adieu

Machen Sie Ihre Hausaufgaben genau. Fragen Sie sich: Was will ich, was will ich wirklich? Was will ich nie mehr? Umso leichter funktioniert es nachher in der täglichen Partnerschaft. Fast immer wird dem Zufall viel zu viel überlassen. Nach dem Motto: Es wird schon irgendwie gehen.

Genau das ist das große Problem. Es soll bei dem neuen Durchgang nicht irgendwie gehen, sondern vielmehr eine Meisterleistung werden. Richtig Spaß und Freude soll es bringen, nicht nur für ein paar Jährchen, sondern möglichst lange. Erstrebenswert wäre natürlich ein Leben lang.

Ab ins nächste Abenteuer
Die meisten stürzen sich gleich ins nächste Abenteuer und damit oft ins nächste Ungemach. Viele Menschen leben einfach drauflos. Das kann gut gehen, ist jedoch eher die Ausnahme. In der Regel entsteht sehr viel Stress durch diese Lebensweise, weil viele Dinge nicht richtig geklärt und durchorganisiert werden. Ein solches Chaos führt unweigerlich zu unklaren Situationen und Enttäuschungen.

Enttäuschungen
Sind das Schlimmste, was einem im Leben passieren kann. Sie kosten viel Energie und dadurch Lebensqualität. Enttäuschung hat, wie das Wort es schon deutlich macht, mit einer Täuschung zu tun. Wenn ich enttäuscht bin, heißt das nichts anderes, als dass die Täuschung nun ein Ende hat. Im Grunde genommen ist das etwas sehr Positives. Dadurch hat man die Botschaft, dass etwas so nicht geht, begriffen. Letztlich ist ein Ende besser, als in einer permanenten Täuschung zu leben. Wenn etwas zu Ende ist, bedeutet das zugleich, dass etwas Neues entsteht. Das sieht man in dem Moment oft nicht.

Gewohnheitsfalle
Die Erfahrung hat mehr als einmal gezeigt: Wer einen Weg gegangen ist, wird ihn meistens wieder gehen. Das heißt, der Mensch tendiert dazu, immer wieder das Gleiche zu machen, auch wenn es für ihn nicht gut ist. Die Gewohnheit ist oft so groß, dass alles ganz automatisch abläuft, wie zum Beispiel beim Rauchen. Jeder weiß, dass Rauchen ungesund ist. Trotzdem rauchen Tag für Tag unzählige Menschen im vollen Bewusstsein, dass dies sehr schädlich ist.

Nie mehr
Das haben wir uns meistens irgendwann geschworen. Trotzdem laufen die alten Mechanismen immer wieder von vorne ab. Das erklärt auch das Phänomen, das Sie mit Sicherheit kennen: Die lebenswahre Geschichte der lieben und netten Frau, die immer wieder an Alkoholiker gerät. Bestimmte Grundeinstellungen und Bedürfnisse ruhen in unserem Unterbewusstsein und nehmen von dort Einfluss auf unsere Handlungen. Aus diesem Grunde müssen wir schon sehr genau aufpassen, was passiert und welche Grundbedürfnisse sich ans Tageslicht drängen. Wenn wieder unsere Handlungen beeinflusst werden, wird das Leid und der Frust groß sein. Es kostet einmal mehr eine der wertvollsten Energien, die wir Menschen haben: Die pure und wahre Lebensfreude!

Marktanalyse

Sie ist das A und O. Ohne Marktanalyse sollten Sie sich nie auf den Weg machen. Das bringt nur unnötige Ungewissheiten und Gefahren. Checken Sie vorher immer ab: Was bietet der Markt? Gibt es das, was ich mir wünsche überhaupt? Wo halten sich die Menschen auf, mit denen ich gerne zusammen wäre? Wie komme ich da hin? Viele Fragen, die unbedingt zu beantworten sind. Der Wunsch nach einem lieben und netten Partner ist zu allgemein und reicht nicht aus.

Glücksprinzip
Ohne Analyse passiert in der Regel folgendes: Da geht Frau oder Mann auf die Pirsch. Tief verankert ist der Wunsch, einen Partner zu finden. Man stürzt sich zum Beispiel ins Nachtleben und pocht auf sein Glück, den richtigen Menschen zu finden. Das ist ungefähr so wie das wöchentliche Lotto spielen. Man spielt und hofft jedes Mal auf den ganz großen Gewinn. Nach dem Prinzip: Dann haben wir es gepackt und sind alle Sorgen los. Wenn dies wirklich so einfach wäre, welch paradiesischer Zustand! Doch die Realität sieht anders aus.

Das Hoffnungsprinzip
Zufallsprinzip heißt nichts anderes, als das was mir zufällt. Dieses Hoffnungsprinzip ist eines der schlechtesten Ratgeber überhaupt. Die Chancen sind sehr gering. Die Enttäuschungen umso wahrscheinlicher. Je öfter wir diese Vorgehensweise durchziehen, umso härter ist sie. Manchmal führt sie bis zur gänzlichen Hoffnungslosigkeit und die Gefahr wird sehr groß, dass man sich mit dem/der Erstbesten zufrieden gibt. Dazu ist das Leben viel zu schade. Das ist genau das, was Sie sich nicht mehr antun sollten. Jede Enttäuschung schmerzt und führt zu einem immer geringer werdenden Selbstvertrauen.

Im Nachtleben angeln

Die Qualität Ihres Erfolges wird immer nur so gut sein wie Ihre Jagdgründe. Sie stürzen sich ins Nachtleben, werfen die Angel aus und hoffen nun, dass die oder der Richtige anbeißt. Aus Erfahrung wissen Sie bestimmt selbst, dass Sie den großen Wurf kaum an so einem Abend landen werden. Man tingelt von Lokal zu Lokal, von Disko zu Disko. Nur die Wahrscheinlichkeit ist gering, dass Sie dort Ihre/n Traumfrau/-mann finden werden. Aber da erzähle ich Ihnen sicherlich nichts Neues.

Was tun?

Sie können wie die meisten, immer wieder das Gleiche tun, mit einer fast nie versiegenden Hoffnung, dass es doch noch hinhaut. Sie müssen dabei nur aufpassen, dass Sie nicht völlig abstumpfen. Das erinnert an die unzähligen gestrandeten Seelen, die sich immer wieder aufmachen, um sich mit dem Erstbesten zufrieden zu geben. Hauptsache nicht mehr alleine sein. Das reduziert die Chance auf eine großartige Partnerschaft auf ein Minimum. Diese Vorgehensweise macht nur Sinn, wenn sie ganz bewusst gewollt ist. Bei allem Tun ist stets das Motiv von großer Bedeutung.

Vor sich selbst verantworten

Das ist wichtig bei allem was Sie tun. Sie müssen dazu stehen können, sich in die Augen schauen und sagen: „Klasse, das hast du gut gemacht. Du lebst dein Leben!" Das ist ungeheuer inspirierend und aufbauend. Denken Sie daran, Sie haben nur dieses eine Leben. Leben Sie es voll und ganz nach Ihrer Fasson.

Es gibt viele Frauen/Männer, doch welche/r ist die/der Richtige?

Wie oft haben wir schon erlebt, dass manche Frauen und Männer, immer wieder an den sogenannten Falschen geraten? Als Zuschauer sagen wir leicht: „Wie kann man nur so blöd sein?" Das ist sehr einfach dargestellt und kann so nicht stehen gelassen werden.

Unsere Grundmuster

Wir alle sind geprägt von tief verankerten Grundmustern. Diese tragen dazu bei, dass immer wieder die gleichen Mechanismen ablaufen. Der Mensch ist von Natur aus ein sehr auf Sicherheit bedachtes Wesen. Mit neuen Situationen tut er sich entsprechend schwer. Lernen und Veränderungen sind aufgrund unserer Geschichte so fest mit Schmerz verbunden, dass wir es in letzter Konsequenz lieber lassen. Obwohl uns tief im Inneren klar ist, dass der sichere, aber passive Weg nicht zum Erfolg führt. Wir wissen genau, dass nur durch aktives Handeln anhaltende Veränderungen möglich sind.

Lernschwäche

Lernen wird für immer mehr Menschen zum großen Problem. Das zieht sich von der Schule bis ins hohe Alter wie ein roter Faden durch. Siehe als Beispiel auch die Pisa-Studie. Wenn wir als Erwachsener einige Zeit in unserer Komfortzone gelebt haben, wird es noch schwieriger. Das menschliche Wesen ist so sehr auf Spaß und Freude ausgerichtet, dass alles unternommen wird, um dem Schmerz zu entgehen. Sie kennen es sicherlich: Bestimmten Entwicklungen und Lernerfahrungen können wir nicht entfliehen. Sie kommen immer wieder auf uns zu, sie drängen förmlich an die Oberfläche. Tief in Ihrem Inneren spüren Sie, dass eine Veränderung notwendig ist. Sie können es ignorieren, nur wird es Ihnen auf Dauer nicht gelingen. Mit der Zeit wird dieser Zustand mehr als quälend.

Mit dem Kopf gegen die Wand

Kein normaler Mensch würde Tag für Tag mit dem Kopf stets an die gleiche Wand rennen. Das gäbe wahrlich keinen großen Sinn und würde unnötig schmerzen. Genau das wird im Alltag praktiziert. Da gibt es die gute und liebe Kollegin, die schon in dritter Ehe mit einem Alkoholiker verheiratet ist. Alle Ehen sind fast nach dem gleichen Muster abgelaufen. Sie bemerkt sehr schnell, dass der Neue auch ab und an ein bisschen viel trinkt. Will es nicht wahrhaben und setzt – wie bereits zweimal praktiziert – die rosarote Brille auf. Es muss doch Männer geben, die nicht dem Alkohol verfallen sind. Dieses Mal wird und muss es ganz anders werden. Sie hat schon einige Male Pech gehabt, das kann nicht schon wieder so sein.

Alte Muster

Da die meisten fast immer nach den alten Mustern vorgehen, kann es nur zu den gleichen Endresultaten kommen. *„Wer immer nur das tut, was er bisher getan hat, wird auch immer nur das Gleiche ernten!"* So schmerzhaft und traurig es auch ist. Man spricht sehr leicht von der großen Pechsträhne. Von Schicksal und dass es alle anderen viel besser haben. Dabei wird völlig vergessen, dass man selbst ein Teil der Ursache ist.

Wahrsagerei

Wie oft rennen diese unglücklichen und geplagten Menschen zum Wahrsager oder zu Kartenlegern. Nichts gegen diese Menschen, es mag gut und nett sein, auch ich war schon dort. Das Ur-Prinzip ist jedoch nach wie vor: Ursache gleich Wirkung, und nichts anderes. Auf das große Glück zu hoffen, führt nicht zum Ziel. Da kann auch die Wahrsagerei nichts ausrichten.

Aussaat und Ernte

Eines der ältesten Naturgesetze: Du wirst nur das ernten, was du auch gesät hast, nicht mehr und nicht weniger. Wer Kartoffeln unter die Erde bringt, wird nur Kartoffeln ernten. Kein Getreide, Mais und auch keine Salatköpfe. Aus diesem Grund ist es das Wichtigste, klar und deutlich zu wissen, was man gerne haben möchte und was nicht. Dann erfolgt die entsprechende Aussaat, verbunden mit der notwendigen Geduld. Jede Saat braucht ihre Zeit, bis sie aufgeht. Genau an diesem Punkt werden sehr viele ungeduldig und sind nicht bereit zu warten. Sinnbildlich gesehen: Kein Landwirt würde sich so verhalten.

Schwere Krankheit: Die Ungeduld

Sie treibt die Menschen zu früh auf den Acker. Da wo gesät wurde, fangen sie mit der Harke an die Erde wegzukratzen. Sie wollen nachsehen, ob sich schon etwas getan hat. Was werden sie vorfinden? Nichts, rein gar nichts! Sie werden wieder sagen, es funktioniert nicht. Was werden Sie dann tun? In das alte Muster verfallen. Wer nicht warten kann, bis die Saat aufgeht, wird niemals die Früchte ernten. Ein ganz einfaches Prinzip, das schon seit Jahrtausenden gilt.

Unsere Grundmuster

Schauen wir uns gemeinsam die verschiedenen Grundmuster an. So spannend und lehrreich wie diese sind, werden Sie vieles erkennen und verstehen. Es liegt ausschließlich an Ihnen, was Sie mit den neuen Informationen anfangen. Wir tendieren dazu, die Dinge als gegeben hinzunehmen. Nach dem Motto: Es ist eben so. Als schnelles Alibi funktioniert diese Einstellung natürlich großartig. Auf Dauer betrügen wir uns nur selbst. Viel besser ist es, ihr auf den Grund zu gehen: Wieso bin ich so, wie ich im Moment bin? Woher kommt das? Wie kann ich es ändern? Eine spannende Aufgabe, die sich lohnt. Entsprechend zu analysieren und umzusetzen für ein wesentlich besseres und selbst gesteuertes Leben. Sie sind auf dieser Erde der „Designer" Ihres eigenen Lebens. Das ist doch phänomenal. Ein traumhaftes Geschenk, welches wir mitbekommen haben.

Unsere Prägemuster
Sie steuern uns sehr stark. Situationen, die wir immer wieder passiv miterlebt haben, die unsere Eltern uns mit auf den Lebensweg gegeben haben. Durch die ständige Wiederholung wurden sie zu einem Teil von uns. Jetzt läuft alles automatisch und schnell ab, wird von unserem Unterbewusstsein einfach abgespult. Bevor wir uns richtig besinnen, sitzen wir schon wieder mitten drin. Oft nicht wissend um die Dinge die passieren, sind wir erstaunt, dass immer wieder die gleichen Programme ablaufen. Das Ganze wird gerne als Schicksal definiert.

Die Macht der Glaubenssätze
Die vielen Glaubenssätze, die sich ganz fest in unser Unterbewusstsein eingegraben haben, steuern uns wesentlich stärker, als die meisten Menschen glauben. Viele sind der Meinung, alles sehr gut im Griff zu haben. Dabei spüren wir, dass es noch andere Dinge geben muss.

Automatische Reaktionen

Mit Sicherheit sind Sie immer wieder überrascht, in ganz bestimmten Situationen entsprechend reagiert zu haben. Wir nennen das auch ein „andressiertes Verhalten", es beruht auf bestimmten Mustern. Oft ist es so, dass man überhaupt nicht entsprechend reagieren wollte und doch geschah es einfach. Die Entschuldigung: Ich bin halt so. Ich kann nicht anders. Ich würde ja schon gerne, aber...! So läuft das Leben weiter, wir fühlen uns des Öfteren ohnmächtig.

Das Leben hat uns im Griff

Nicht wir haben das Leben im Griff, sondern die Umstände uns. So verläuft das Leben manchmal mit recht fatalen Folgen. Das Resultat ist leider immer wieder großes Unglück. Es gibt nur sehr wenige Menschen, die mit sich und ihrem Leben im Reinen sind. Die so leben, wie sie es sich immer gewünscht und erträumt haben. Das sind ganz wichtige Werte. Es lohnt sich, darüber nachzudenken und sie entsprechend anzustreben.

Mehr Lebenssinn für uns

Die Frage nach dem Sinn unseres Lebens ist eine der elementarsten überhaupt. In jungen Jahren beschäftigt sie uns kaum, je älter wir werden umso stärker. Soll das nun alles gewesen sein? Einmal mehr liegt es an uns, ob wir alles als ein großes und unabänderliches Schicksal betrachten. Vergleichbar mit einem kleinen Boot auf hoher See, ohne Segel, Motor und Kompass. Völlig dem Wetter und dem Meer ausgeliefert. Anfänglich noch in der großen, später jedoch schwindenden Hoffnung, es möge uns bald jemand retten oder wir wenigstens irgendwo stranden. Wir sind nicht zur Passivität verurteilt, sondern sehr wohl in der Lage, unser Leben mit den richtigen Werkzeugen zu meistern. Unser Leben können wir sehr wohl in den Griff bekommen und ihm einen neuen Sinn geben.

Unsere Prägestationen

Wir sind uns meistens gar nicht bewusst, wer sich in unser Leben eingemischt hat. Das sind wesentlich mehr Menschen, als wir glauben. Als einer der ganz wichtigen Schritte wollen wir uns die einzelnen Stationen anschauen. Wer so alles mitgemischt hat und es immer noch tut, damit wir wohlerzogene und funktionierende Menschen sind, oder einfach auf Kurs bleiben.

Beeinflussungen

Es gibt Beeinflussungen ohne Ende. Oft finden sie gegen unseren eigenen Willen statt, dennoch lassen wir es mit uns geschehen. Der eine mehr, der andere weniger. Eine feststehende Größe, der wir jetzt ins Auge schauen werden und letztlich auch müssen, wenn wir etwas in unserem Leben ändern möchten. Sollte Ihnen das eine oder andere beim Lesen nicht so gefallen, Sie sogar schmerzen, lassen Sie beides in jedem Falle zu. Da müssen Sie durch! Machen Sie sich Ihre Gedanken, am besten auch einige Notizen. Es wird Sie ein ganzes Stück weiterbringen. Denn wie heißt es so schön? Das Übel, welches uns behindert, müssen wir an der Wurzel ausmerzen.

Unsere Prägestationen:
- Eltern
- Familie
- Kindergarten
- Schule
- Lehre
- Chefs
- Kollegen
- Kunden
- Nachbarn
- Freunde
- Freund/in
- Ehepartner

Eine ganze Palette von Menschen, die permanent auf uns eingewirkt haben und es immer noch tun. Ich habe sie auf wenige beschränkt. Die Liste könnten wir noch um einige Seiten verlängern. Es geht darum, einen ersten Einblick für Sie zu schaffen, um dann entsprechend handeln zu können.

Die Dinge zu begreifen, ist schon ein sehr schwieriger Prozess. Sie dann entsprechend umzusetzen, grenzt für die meisten Menschen an ein wahres Wunder. Dabei ist es sehr einfach und sinnvoll. Das Verständnis führt uns zu unserem wahren Ich. Dafür lohnt es zu leben und sich einzusetzen. Starten wir mit den wichtigsten, ersten Personen in unserem Leben:

Eltern

Die wichtigsten Erzieher sind unsere Eltern. Sie waren die Ersten, die sich um uns gekümmert haben. Wir haben sie gebraucht, denn ohne Eltern hätten wir nicht überlebt. Von ihnen haben wir sehr viel Positives mitbekommen, jedoch auch einiges, was uns das Leben sehr schwer macht.

Erste Prägezeit

Hier gibt es den schönen Spruch: Zeig mir dein Elternhaus und ich verstehe dich. Es ist in der Tat so, denn die erste und wichtigste Prägezeit verbringen wir bei unseren Eltern. Das ist die Zeit, in der die Weichen für unser späteres Leben gestellt werden. Hier erhalten Sie Ihr so genanntes Ur-Feeling. Sie nehmen als kleines Baby alles um sich herum auf. In dieser Zeit ist das Unterbewusstsein noch wesentlich aufnahmefähiger. Wir haben keine Chance, uns mit Worten auszutauschen, aber viel Zeit, dazuliegen und alles in uns aufzunehmen. Es ist die Fortsetzung dessen, was wir im Mutterleib erlebt haben.

Geschützt im Mutterleib

Nicht erst seit den neuesten Untersuchungen weiß man, dass ein Fötus alles was um ihn herum geschieht mitbekommt. Wie gut, wenn da die Mutter mit sich und der Welt im Reinen ist. Das ist jedoch eine reine Wunschvorstellung. Oft sieht es ganz anders aus. Wenn Sie es nicht glauben, dann überzeugen Sie sich am besten selbst. Fragen Sie werdende Mütter nach ihren Sorgen und Ängsten während und nach der Schwangerschaft. Sie werden eine ganze Palette hören. Es gibt leider nur wenige, die absolut zufrieden und glücklich sind, eingebettet in eine Traum-Partnerschaft.

Nachmachen

Als Kinder wollten wir den Eltern gefallen. Wir spürten sehr wohl, dass wir voll und ganz auf sie angewiesen waren. Solange wir uns so verhielten, wie es aus Sicht der Eltern notwendig schien, war alles in Ordnung. Da haben wir auch uneingeschränkt ihre Aufmerksamkeit und Liebe erhalten. Wehe wenn nicht! Das hat sich im Laufe der Zeit immer mehr ausgeprägt.

Glaubenssätze

Wie heißt es so schön? „Euch geschehe nach eurem Glauben!" Nun ist die große Frage, an was unsere Eltern glauben. Wie sind ihre Grundeinstellungen? Wie gehen sie durch ihr Leben? Das sind Dinge, die Sie von Anfang an auf Ihren Lebensweg mitbekommen. All Ihre tief greifenden Glaubenssätze haben hier ihren Ursprung. Diese werden Sie in der Regel ein Leben lang begleiten, ob Sie das wahrhaben wollen oder nicht. Sie sind als feststehende Größe vorhanden und werden Sie nicht mehr loslassen. Oft werden sie in den ungünstigsten Momenten auftauchen und Ihnen manchmal das Leben ganz schön schwer machen. Denken wir nur an so absurde Sätze von Müttern wie: „Alle Männer sind gleich! Männer wollen immer nur das Eine! Mach du nicht den gleichen Fehler wie ich! Ich würde nicht noch einmal heiraten!" Und vieles mehr.

Negative Assoziationen

Das sind dermaßen negative Assoziationen. Bei jeder sich nur bietenden Gelegenheit wird das Ganze wiederholt. Nicht in einem normalen Tonfall, sondern mit viel Emotionen. Wenn Sie das als kleines Mädchen oder kleiner Junge oft hören, prägt es sich langsam aber sicher ein. Ein wenig älter geworden, hören Sie von der Mama immer noch das Gleiche. Irgendwann kommen Sie selbst in das Alter, in dem Menschen eine partnerschaftliche Beziehung eingehen. Da dies eine höchst aktive Angelegenheit ist, kommt es über kurz oder lang zu Störungen. Bei einer Sache können Sie sicher sein: Ihre Mutter wartet nur darauf. Sie wird Sie fragen: „Was ist denn mit dir?" Sie werden am Anfang vielleicht nicht mit ihr reden, Ihre Mutti wird jedoch nicht locker lassen. Sie will es erst recht wissen. Mit

Genugtuung wird sie ihre Glaubenssätze wiederholen, folgender Maßen eingeleitet: „Ich habe es dir doch gleich gesagt ..." Gespickt mit weiteren klugen Sätzen, wie: „Du willst ja nicht hören, dabei meine ich es nur gut mit dir!" Um nur wenige zu nennen. Kennen Sie das?

Untermauerung

Jetzt fängt der Moment des Untermauerns an. Die Dinge werden zusehends verstärkt. Sie erhalten höchstpersönlich die Bestätigung, dass es tatsächlich so ist, die Mama Recht hatte. So nimmt das Leben langsam aber sicher seinen Lauf. Sie werden noch einige nette Erfahrungen sammeln und vielleicht immer mal wieder von den Eltern den berühmten Satz hören: „Wer nicht hören will, muss fühlen!" Wie großartig. Finden Sie nicht auch? Es wird sich zusehends das Gefühl einschleichen, dass es wohl so ist, anstatt sich darüber klar zu werden, dass das ganze Leben ein Auf und Ab ist und es immer wieder zu Störungen kommt. Dies betrifft alle Menschen.

Eigene Werte

Die Stärke zu haben, die eigenen Werte zu kennen und auch daran festzuhalten, ist nicht immer vorhanden. Es sei denn, man wurde in ein Elternhaus hinein geboren, in dem diese Werte schon vorhanden waren. Dort würde eine Mutter auch nie so etwas sagen. Es wären stets lebensbejahende, aufbauende und mutmachende Aussagen.

Volljährigkeit = Erziehungs-Ende

Ein Kind kommt voller Hoffnung und Sehnsüchte auf die Welt. Betrachten Sie nur einmal, wie das gesamte Wachstum von ganz alleine geschieht. Der Fötus heranwächst und zügig die Entwicklung nach der Geburt vorangeht. Hier braucht es keine Hilfe, niemand muss in den Mechanismus eingreifen. Doch bei der Persönlichkeit, Lebenspower und Lebensmut wird eingegriffen. In diesen Bereichen versuchen viele Eltern, Kontrolle auszuüben. Dabei wird oft nicht gerade zimperlich verfahren.

Lebenslange Beeinflussung

Eltern wirken oft ein ganzes Leben lang auf ihre Kinder ein. Denken wir nur einmal an die Mama, die sich jedes Mal nicht gut fühlt, wenn die Kinder verreisen wollen. Sie müssen sich darüber im Klaren sein, dass die Erziehung spätestens mit der Volljährigkeit abgeschlossen sein sollte. Das ist ein ganz wichtiger Moment, den die Kinder und auch die Eltern klar und deutlich vollziehen müssen. Das Ende von jeglicher Manipulation, ein neues Kapitel beginnt.

Erziehung bis zum Tod

In der Regel sieht es anders aus. Eltern beeinflussen ihre Kinder massiv. Die Erziehung vollstreckt sich bis zum Tod der Eltern, oftmals hat sie noch Auswirkungen über ihren Tod hinaus. Eingeschüchtert laufen viele durch das Leben, immer darauf bedacht, den Eltern zu gefallen. Der größte Blödsinn, denn vor lauter Anpassung verlieren sie ihre Identität. Dieses Problem betrifft auch die Partnerschaft. Die eigenen Kinder werden zu allem Elend nach dem gleichen Muster erzogen. So kommt die Aussage zustande: „Das Omen durchzieht alle Generationen!" Das Schlimmste ist, wenn Sie es zulassen. Sie dürfen Ihre Eltern gerne ehren und ihnen dankbar sein, aber lassen Sie bitte keine Erziehungsmaßnahmen mehr über sich ergehen. Werden Sie endlich erwachsen, und dies sofort. Verbieten Sie sich die Manipulationsversuche der Eltern.

Setzen Sie klare Grenzen

Kommen Sie klar zu einem Abschluss. Haben Sie Ihre Eltern lieb, achten Sie Ihre Eltern, seien Sie ihnen dankbar dafür, dass sie Ihnen das Leben geschenkt haben. Das reicht dann aber auch. Sollten Ihre Eltern im Alter Not leiden, unterstützen Sie sie. Nur die Erziehungsnummer müssen Sie ihnen ganz einfach verbieten. Setzen Sie hier ganz klar Ihre Grenzen. Sie haben ein Recht auf ein eigenes Leben. Entrüstung und Vorwürfe seien Ihnen gewiß! Bitte lassen Sie sich davon nicht beirren. Gehen Sie Ihren Weg, unabhängig davon, was andere meinen. Sie sind ein eigenständiger und erwachsener Mensch mit allen Rechten. Diese sind Gott sei Dank in unseren Breitengraden sogar gesetzlich verankert.

Bange machen gilt nicht
Lassen Sie sich nie mehr beirren oder ein schlechtes Gewissen einreden. Von wegen: „Du wirst schon noch sehen, wenn ich nicht mehr bin!" Das ist ein sehr beliebter Satz. Bizarr wird es, wenn Eltern in die Krankheit flüchten, einfach nur um Aufmerksamkeit zu bekommen. Erkennen Sie diese Spiele, es ist nichts anderes als ein Manipulationsversuch, der letzte Kraftakt, um Sie klein zu halten. Wenn Sie sich dagegen wehren, werden Sie ein wesentlich besseres und ruhigeres Leben führen, ein Gefühl von Freiheit erleben. Ich wünsche Ihnen von ganzem Herzen, dass Sie die Kraft haben, dies zu erkennen und es entsprechend umzusetzen.

Bleiben Sie stark
Das ist ganz wichtig, egal welche Vorwürfe und Drohungen Ihnen gemacht werden. Die Angst der Eltern, die Oberhand verlieren zu können, ist groß. Hier wird sehr viel Druck ausgeübt. Es ist traurig aber wahr, dass man nicht einmal imstande ist, die Kinder zu freien Menschen zu erziehen und sie auf ihrem Lebensweg zu unterstützen. In dem Moment, in dem Sie wirklich wissen was Sie wollen, haben Sie die Kraft es durchzuziehen. Es ist Ihr Leben und Sie entscheiden, wie Sie es verbringen möchten. Niemand sonst hat das Recht dazu.

Familie

Neben den Eltern gibt es noch andere nähere und entfernte Familienangehörige, die das ihrige dazu beitragen, den kleinen Erdenbürger zu einem rechtschaffenen Menschen zu erziehen. Oft sind es zweifelhafte Methoden, doch sie werden Tag für Tag angewandt. Schauen wir uns kurz die einzelnen Angehörigen an.

Die Großeltern
Hier hängt es stark davon ab, welche Normen und Rollen bei ihnen von Bedeutung sind und waren. Da passiert es schon einmal, dass so ein armes Kind zwischen den verschiedenen Erziehungsmethoden hin-

und hergerissen ist. Wohl dem Kinde, das stark genug ist, für sich einen Mittelweg zu finden. Großeltern haben die Eigenschaft, massiv in die Erziehung einzugreifen, frei nach dem Motto: „Wir sind ja schließlich schon so lange hier auf dieser Erde und wissen deshalb wie es geht!" Meine liebe Tochter, oder auch Schwiegertochter, so hat es zu laufen, damit etwas Rechtschaffenes aus den Enkeln wird.

Die Geschwister

Hier ist entscheidend, ob diese jünger oder älter sind. Jüngere Geschwister können nicht so sehr in unsere Erziehung eingreifen. Das Problem ist, was da manchmal zwischen den Eltern und jüngeren Geschwistern abgeht. Das ist schon mehr als seltsam. Besonders wenn es sich um ein Nesthäkchen handelt. Da verlieren viele Eltern förmlich die Kontrolle über die so genannte Gleichbehandlung. Selbstverständlich würden sie es niemals zugeben, dass sie unterschiedliche Maßstäbe ansetzen. Vielmehr behaupten sie mit großer Vehemenz, überhaupt keine Unterschiede zu machen. Allein das reicht schon aus, um uns zu stressen und den Glauben an die Gerechtigkeit im Leben zu verlieren.

Die schmerzenden Unterschiede

Wir spüren das erste Mal hautnah, dass es sehr wohl Unterschiede gibt. Das sind die Momente, in denen wir uns fragen: Was passiert da überhaupt? Der eine erhält mehr Fürsorge und Liebe als der andere. Auf diese Frage gibt es keine richtige Antwort. Wir können uns glücklich schätzen, wenn eventuell die Großeltern oder ein nahe stehender Verwandter die Ungerechtigkeit ansatzweise ausgleicht. Dies kann jedoch nicht die Elternliebe ersetzen.

Die Onkels und Tanten

Mit dieser Gruppe leben wir selten unter einem Dach. Ihre Meinung gilt jedoch auch, erreicht uns und hinterlässt ihre Spuren. Wenn sie noch eine gewisse Ähnlichkeit mit den bereits bekannten Glaubenssätzen haben, dann werden diese natürlich weiter vertieft.

Kindergarten

Hier trifft man das erste Mal mit vielen anderen Kindern zusammen. Es gilt, sich in die bestehende Gemeinschaft einzugliedern, was oft nicht so einfach ist. Vor allem als Einzelkind, denn jetzt steht es nicht mehr im Mittelpunkt. Nun wird vieles ganz anders. Das Kind muss sich allein behaupten und zurecht kommen. Es ist voll und ganz gefordert.

Der Standort

In was für einen Kindergarten haben Ihre Eltern Sie geschickt? Wie ging es dort zu? Welche Kinder aus welchen Schichten verkehrten dort? Wichtige Fragen, denn dies alles hat Sie beeinflusst. Bedenken Sie nur einmal, wie viele Tage, Wochen, Monate Sie dort verbracht haben.

Die Erzieherinnen

Es hängt auch viel von den Erzieherinnen ab und was diese für ein Elternhaus genossen haben. Weitere entscheidende Fragen sind: Umgang in der Freizeit und Partnerschaft. Haben die Erzieherinnen ihren Beruf aus Passion gewählt oder ging es nur darum, eine Arbeit zu haben? Das ist natürlich auch eine Variante, mit Sicherheit jedoch eine schlechte Ausgangsbasis. Beruf gleich Berufung, man muss Kinder über alles lieben, das Beste für sie wollen und sie entsprechend fordern und fördern. Das sind viele Dinge, die in die Erziehung hineinspielen. Wenn die Erzieherin in ihrer Mitte ist, ein erfülltes und glückliches Leben hat, ist dies eine sehr gute Ausgangsbasis für die Kleinen.

Die anderen Kinder

Im Kindergarten stürzt vieles auf ein Kind ein. Fernab der Mama und vom Gewohnten geht es oft zur Sache. Man spricht von Brennpunkten. Hier kommen Kinder aus verschiedenen sozialen Schichten zusammen. Jedes hat seinen eigenen Willen und versucht ihn in irgendeiner Form auszuleben. Erinnern Sie sich? Sie als Kind mittendrin, alles neu und jetzt geht es los. Gehören Sie zu denjenigen, die eher die Macher sind, bekommen

Sie es sehr bald mit den Kindergärtnerinnen zu tun, die Sie ausbremsen. Oder gehören Sie zu den Ruhigen, eher Ängstlichen, dann bekommen Sie es mit den stärkeren Kindern zu tun. Jetzt müssen Sie irgendwo Ihre Mitte finden. Keine leichte Aufgabe, sie gehört aber zum Leben.

Die Eltern der Kinder
Die ersten tieferen Freundschaften bahnen sich an. Sie gehen das erste Mal auswärts essen, haben vielleicht sogar dort geschlafen. Jetzt bekommen Sie eine ganz andere Welt mit. Manches ist besser, manches auch seltsam. Einiges mögen Sie und übernehmen es gerne, andere Dinge lieben Sie gar nicht. Sie bekommen Streit und wenden sich ab. Neue Freundschaften beginnen. Sie kämpfen, Sie weinen, man wird Ihnen wehtun und auch Sie verletzen andere. So geht es über eine lange Zeit, in der Sie sich entwickeln. Sie schauen, dass Sie über die Runden kommen. Dies alles prägt Sie ein Leben lang. Beim Lesen wird Ihnen mit Sicherheit so manches klarer, wieso Sie heute manchmal noch Dinge in sich spüren. Die Ursache für die eine oder andere Verhaltensweise wird Ihnen wie Schuppen von den Augen fallen. Sie werden sich selbst besser verstehen können. Das ist wichtig für eine gute Partnerschaft.

Schule

Es gibt viele unterschiedliche Schulen. Zum Glück leben wir in einem Land, in dem die Möglichkeit besteht, die Schulen selbst auszuwählen. Die Auswahl hat ausschließlich etwas mit unseren Eltern zu tun.

Die Eltern
Welche Schulbildung haben die Eltern? Waren sie in einer einfachen Dorfschule oder haben sie studiert? Wie wichtig ist es für sie, was aus ihren Kindern wird? Sehen sie die Schule als ein wichtiges Instrumentarium für das spätere Leben an? Oder ist es eher ein notwendiges Übel? Werden Hausaufgaben freudig unterstützt oder gibt es jedes Mal Stress? So werden für uns die ersten Weichen gestellt. Oft ist es sehr schwierig, denn ohne

die nötige Motivation durch die Eltern braucht es viel Energie, die Schule mit Elan und Begeisterung durchzuziehen. Viele Eltern demotivieren ihre Kinder mit ihren großen Sprüchen, anstatt sie aufzubauen.

Welche Schule

Es gibt einige Möglichkeiten, staatliche oder private Schulen. Welche sind besser? Die Wahl ist eine Frage der inneren Einstellung. In jungen Jahren hatten wir eine solche nicht. Da ging es ausschließlich um das Prinzip Lust oder Unlust. Natürlich sehr stark von den Eltern und durch die Lehrer geprägt. Je nachdem wie man es uns beigebracht hat, hatten wir viel Freude oder gar keine, sind gerne zur Schule gegangen oder haben sie gehasst. Wir fügten uns letztlich in unser Schicksal. Durch die Schulpflicht gab es kein Entrinnen. Jede Schule hat ihre Schwerpunkte und ihr entsprechendes Klientel.

Welche Lehrer

Hier verhält es sich genauso wie bei den Erzieherinnen. Was ist die Grundmotivation des Lehrers? Liebt er seinen Beruf über alles? Geht er völlig darin auf? Ist er bestrebt, stets das Beste weiterzugeben? Bildet er sich permanent weiter? Ist er ein Vorbild? Was für ein Privatleben führt er? Wenn ich da an einige meiner Lehrer zurückdenke, müsste ich heute noch ein großes Fragezeichen setzen. Damals herrschte in der Tat noch die Prügelstrafe. Die Frage ist einfach, wie wurden wir gefördert? Lehrer haben viel Macht! Wenn ein Schüler nicht entsprechend stark ist, kann er sehr leicht unter die Räder kommen. Auch wenn es nach außen oft nicht so erscheinen mag, aber Lehrer sind in erster Linie großartige Theoretiker.

Die Lehre

Auch diese Zeit hat uns sehr geprägt. Jeder Beruf hat seine Normen und Rollen. Man bezeichnet es als so genanntes Berufsgehabe. Wenn Sie das nicht glauben, schauen Sie nur einmal nach, wo eine bestimmte Anzahl von Menschen mit gleichem Beruf zusammenkommen. Beobachten Sie, wie sie reden und sich verhalten. Sie werden viele Gemeinsamkeiten entdecken, klassische, typische Merkmale.

Berufswahl

Wer hat bei Ihnen damals Ihre Berufsrichtung gewählt? Waren Sie es selbst, ohne irgendeine Beeinflussung? Dann herzlichen Glückwunsch. Sie gehören zu den ganz wenigen Auserwählten, denen dies zuteil wurde. Die meisten Eltern, und teilweise auch die liebe Verwandtschaft, mischen massiv mit. Es kursieren Sprüche wie: „Du musst heutzutage froh sein, dass du überhaupt eine Lehrstelle bekommst!" So eingeschüchtert geht es ins Berufsleben. Eine denkbar schlechte Ausgangsbasis. Es ist schon schwer genug, in so jungen Jahren genau zu wissen, was man will. Zumal das ein ganzes Leben halten sollte.

Die Lehrstelle

Was herrschen da für Gesetze? Wie geht man miteinander um? Welche Sprache wird gesprochen? Ist man nett und anständig oder wird eher der rustikalere Ton angeschlagen? Worüber wird den ganzen lieben langen Tag geredet? Werden hochgeistige Gespräche geführt oder geht es einfach nur um den Film gestern Abend oder um irgendwelche Probleme? Hier erhalten Sie eine weitere Prägung, die Sie dann ins Leben hinaus begleitet.

Berufsschule

Nun kommt der entsprechende Beruf zum Tragen. Ist es eher ein körperlich anstrengender Beruf oder eine rein geistige Tätigkeit? Entsprechend sind der Unterricht und das komplette Umfeld. Da gibt es einerseits ganz nette und patente Lehrer und einmal mehr die Gruppe der anderen.

Berufskollegen

Sie haben einen großen Einfluss auf uns, denn wir verbringen sehr viel Zeit im Geschäft. Da gibt es viele Momente des Austausches. Wie gut, wenn Sie den richtigen Beruf gewählt haben, in dem Sie aufgehen, der Sie aufbaut und inspiriert. Wie schrecklich, wenn Sie hier fehl am Platze sind und deshalb vielleicht sogar als Exot gelten. Die Gesetze sind manchmal sehr hart und viele Kollegen gehen nicht gerade zimperlich mit anderen um.

Der Ausbildungs-Chef
Was ist oder war das für ein Mensch? Passt er haargenau in diese Berufsgruppe oder ist er eher als ein Außenseiter einzustufen? Wie geht er mit seinen Leuten um? Nett und höflich oder zählt er zu den Cholerikern? Vielleicht aber auch zu den sehr rustikalen Persönlichkeiten, denen alle möglichen Schimpfworte über die Lippen gehen.

Einstellung zum Leben
Was hat man in Ihrem Beruf für eine Einstellung zum Leben und vor allem zu den Mitmenschen? Für Sie als Frau ist dies für die spätere Wahl der Berufsgruppe nicht ganz unerheblich. Zählt die Frau etwas, akzeptiert und respektiert man sie? Oder gilt sie als reines Lustobjekt, das man Tag und Nacht aufs Kreuz legen sollte? Sie denken jetzt vielleicht, das spiele keine Rolle. Es spielt eine sehr große Rolle. Checken Sie es gleich selbst: „Möchten Sie gebumst werden? Oder möchten Sie Liebe machen?" Lassen Sie sich bitte diese Fragen durch den Kopf gehen. Fühlen Sie da rein! Was haben Sie für ein Empfinden? Wo geht es Ihnen besser?

Die kleinen, feinen Unterschiede
Diese kleinen Unterschiede machen letztlich das große Ganze aus. Ob Sie sich wohl fühlen oder nicht. Wenn Sie Liebe machen möchten, dann wird es Sie seltsam berühren, wenn Ihr Partner zu Ihnen sagt: „Komm Schatz, ich möchte dich jetzt mal so richtig bumsen!" Mögen Sie jedoch diese Ansprache, törnt Sie das an, dann ist natürlich die andere Aussage für Sie eher langweilig: „Schatz, ich habe dich so lieb, ich möchte gerne mit dir schlafen!" Das ist für Sie einfach nur fade.

Der oder die Chefs nach der Ausbildung

Hier zeigt sich abermals ganz klar die gesamte Lebensgeschichte des Chefs. Wo ist er aufgewachsen? Welches Elternhaus durfte er genießen? Welche Schulen hat er absolviert? Welcher berufliche Werdegang liegt hinter ihm? Welchen wird er eventuell zusätzlich einschlagen? In was für einer Partnerschaft und sozialem Umfeld lebt er? Was hat er alles schon erlebt? Wie hat er sich hochgedient, um jetzt als Chef tätig zu sein? Viele Dinge, die einen enormen Einfluss auf das gesamte Firmengeschehen haben.

Welche Firma
Wie heißt es so schön: Jeder sucht sich normalerweise genau den Beruf, der ihm liegt und damit auch das gesamte Gehabe dieser Branche. Natürlich gibt es entsprechende Ausnahmen. In der Regel passt es jedoch. Jeder Beruf hat seinen Habitus. Das gilt es vor einer Festeinstellung klar zu überprüfen, bevor man sich entscheidet.

Starke Prägungen
Sie haben mit Sicherheit Ihre Prägungen erhalten. War der Chef nett zu Ihnen, war es sicher eine gute Erfahrung. Gehörte er eher zu den Cholerikern, haben Sie eine unangenehmere Prägung erhalten. Durften Sie in Freiheit und offen arbeiten? Oder gab es sehr strenge Hierarchien und galt bei Fehlern noch fast die Prügelstrafe? Die Fehlerkultur einer Firma ist von großer Bedeutung.

Kollegen

Machen diese ihren Job nur wegen des Geldes oder weil sie ihren Beruf lieben? Daraus ergibt sich schon ein großer Unterschied. Auch hier prägt natürlich wieder stark das persönliche Umfeld. Wie wird zu Hause geredet, was wird gedacht und gemacht? Welche Grundeinstellung haben die Kollegen, eher eine positive oder negative? Wo kommen sie her, welche Kindheit, Ausbildung und Partnerschaften wurden und werden genossen?

Immer wieder die gleichen Fragestellungen. Sie sind es, die sich voll und ganz auswirken.

Arbeitseinstellung
Lieben Ihre Kollegen den Beruf? Gehen sie völlig in der Arbeit auf? Oder gehören sie zu denen, die den Beruf hassen? Ist Arbeit für sie unnötiger Kram, der eben sein muss, weil man das Geld zum Leben benötigt? Lustlos bei allem, nur der Feierabend erweckt Freude. Darin sind die meisten große Meister. Wenn Sie nun mit lauter solchen Menschen zusammenarbeiten müssen, dauert es in der Regel nicht sehr lange, bis auch Sie so oder ähnlich denken. Dieses Verhalten zieht sich wie ein roter Faden durch Ihr ganzes Leben.

Karriere-Vorstellungen
Es gibt nach wie vor nur eine Minderheit, die im Leben so richtig Gas gibt. Viele möchten schon gerne in den Genuss all der Vorteile kommen. Sie sind jedoch nicht bereit, den Aufwand dafür zu betreiben. Sie wollen den Preis des Erfolges nicht bezahlen. Viel lieber möchten sie auf einen Schlag alle Annehmlichkeiten, aber niemals die dazu gehörigen Verpflichtungen.

Neid und Missgunst
Oft entsteht Neid auf Menschen, die mehr besitzen. Dann hört man kluge Sprüche wie: „Die Bonzen, alles sowieso nur erlogen und ergaunert! Alles auf Kosten von anderen!" Wenn Sie so etwas miterleben, müssen Sie einen sehr starken Willen haben und begreifen, dass man nur mit Arbeit und überdurchschnittlichem Einsatz die Karriereleiter hochkommt.

Einstellung zu Menschen
Ein ganz wichtiger Punkt: Der Faktor Mensch. Wie stehen oder standen Ihre Kollegen dazu? Freuen sie sich über andere Menschen oder wird jeder gleich zerrissen? Ist man gerne für andere da? Geht man auf Kunden und Kollegen ein? Leider ist es sehr weit verbreitet, andere Menschen in den Schmutz zu ziehen. Das ist traurig, weil es jungen Menschen ein völlig

falsches Bild gibt. Kommt noch die entsprechende Einstellung von zu Hause dazu, ist es ein großes Handicap, für das weitere Leben.

Einstellung zum Produkt
Wird die Arbeit respektiert, das Produkt geliebt oder macht man sich darüber lustig? Spott führt nicht gerade zum großen Erfolg. Für viele Menschen ist leider jegliche Form von Arbeit die reinste Qual und vor allem unnötig. Aber was soll man tun? Es bleibt nichts anderes übrig. Wer seine Arbeit und seine Produkte nicht liebt, sollte schleunigst etwas anderes tun. Das Leben darf nicht zur Qual werden, dazu ist es viel zu kostbar.

Kunden

Auch sie haben einen sehr großen Einfluss. Getreu dem Motto: Sag mir wo du arbeitest und ich kenne dein Arbeitsumfeld. Kundengruppen wirken sehr wohl und manchmal sogar massiv auf die menschliche Psyche aus. Siehe hierzu auch, dass immer mehr Menschen unter dem Burnout-Syndrom leiden, einfach nicht mehr können. So hat jede Firma ihre Kunden, solche die aufbauen, die selbst gut drauf sind, und solche, die destruktiv sind und das entsprechend ausleben.

Direkter Kontakt
Mit welcher Art von Kunden haben oder hatten Sie zu tun? Alles eine Frage der Grundeinstellungen. Sind es erfolgreiche Menschen oder eher alltägliche? Was bewegt sie, treibt sie an, hindert sie, wofür leben sie? Haben sie viel Zeit für Gespräche oder sind sie im Umgang eher knapp und schnell? Jeder Kontakt berührt uns, auch wenn wir das nicht wahrhaben wollen. Nach dem Motto: Ich bin doch völlig immun. Jeder menschliche Kontakt hat eine Wirkung auf unser gesamtes Wesen.

Kunde, das unbekannte Wesen
Was steckt hinter den Kunden? Welche Motivation haben sie, dass sie zu uns kommen? Je mehr ich mich mit meinen Kunden befasse, umso besser lerne ich sie kennen und kann ihnen bieten, was sie benötigen. Letztlich

geht es um den Nutzen des Kunden. Je größer dieser, desto mehr Kundschaft hat ein Geschäft.

Ihre Kundeneinstellung
Wie stehen Sie zu Ihren Kunden? Ist Ihre Einstellung schlecht, dann sollten Sie schleunigst für eine Änderung sorgen. Das Leben ist viel zu kostbar und gleichzeitig viel zu kurz, um Dinge zu tun, die keine Freude bereiten. Wenn alles okay ist, dann herzlichen Glückwunsch. Bauen Sie das unbedingt weiter aus. Je mehr Sie für die Kunden da sind, ihnen die Wünsche von den Augen ablesen, umso besser und erfolgreicher werden Sie selbst dabei.

Man muss Menschen mögen
Das ist wahrlich die wichtigste Grundmaxime. Wenn Sie Menschen nicht mögen, werden Sie nie erfolgreich sein in Ihrem Leben. Denken Sie nur daran, mit wem Sie es lieber zu tun haben? Mit netten und aufgestellten Menschen oder mit den vielen, unzähligen Griesgramköpfen? Natürlich mit den Netten. Es ist einfach ein anderes Arbeiten, ein anderes Feeling und nicht zuletzt auch wesentlich erbaulicher. Genau das ist es, was unsere Zwischenmenschlichkeit ausmacht. Das positive Miteinander, sich zu achten und das Leben so leicht wie möglich zu gestalten. Krampf ist mit Sicherheit der schlechteste Ratgeber. Was sind Sie für ein Typ? Es lohnt sich, darüber zu reflektieren und entsprechend daran zu arbeiten.

Nachbarn

In welcher Wohngegend wohnen Sie? Was sind das für Menschen, die mit Ihnen unter einem Dach wohnen oder in direkter Nachbarschaft? Wie geht man miteinander um? Liebevoll oder mit Hass und Argwohn? Es ist für mich immer wieder faszinierend, welche Umgangsformen gepflegt werden. Stark geprägt von der Aussage: Wessen Geisteskind bin ich? So hat jeder Mensch seine eigenen Umgangsformen und seinen Lebensstil. Die Frage ist, wo wollen Sie in Zukunft hin? Was ist für Sie erstrebenswert? Wofür werden Sie sich engagieren? Danach geht es mit dem Designen des eigenen Lebens los.

Land oder Stadt

Wie heißt es so schön? Stadtmenschen ticken ein wenig anders, als Landmenschen. Wo sind Sie aufgewachsen und wo leben Sie heute? Auf dem Land geht es gemächlicher zu. Man kennt sich, weiß sehr viel über den anderen. Dadurch ist es enger und letztlich überwachter. Es gelten andere Maßstäbe als in der Stadt oder in der Großstadt.

Wohngegenden

In welcher Wohngegend durften Sie aufwachsen? Im Villenviertel mit eigenem Zimmer, großem Garten mit Pool und vielen Gästen? Oder vielleicht in einem Block auf beengtem Raum, wo alle Bewohner sich gegenseitig beschatten und man sich eingeengt fühlt? Was haben Ihnen Ihre Eltern vorgelebt? Waren diese zufrieden mit dem Wohnort oder herrschte eher Unzufriedenheit, die stets kundgetan wurde? Hier wurden Ihre Ansprüche geformt und Sie wurden, ob Sie es wollten oder nicht, in ein Schema gepresst.

Nachbarschaft

Gute und böse Nachbarschaft? Welche Grundeinstellung hatten Ihre Eltern? Gehörten sie eher zu den maßvollen Personen oder mehr zu den Querulanten? Zu denen, die immer gleich auf die Barrikaden gingen und es vielleicht heute noch tun? Sie kennen doch den berühmten Schlachtruf: „Lass dir bloß nichts bieten! Wehre dich immer!" Das ist per se schon richtig, die Frage ist nur, ob die Reaktion angemessen ist. Da spielen sich oft die schlimmsten Szenen ab. Das geht von kleinen verbalen Aussetzern bis hin zum reinen Hass, der sehr oft vor Gericht endet.

Freunde

Zeig mir deine Freunde und ich sage dir, wer du bist. Dies gilt nach wie vor und ist sehr wichtig. Über eines sollten wir uns im Klaren sein: Die Umwelt prägt den Menschen, ob wir das wahr haben wollen oder nicht. Wir übernehmen in der Regel völlig unbewusst so manche Eigenheiten. Man gleicht sich in vielen Dingen aneinander an, Sprache, Kleidung, Frisur und Auftreten. Oft kommt es zu einer völligen Adaption, um beliebt zu sein.

Lebenseinstellung

Was erzählen Ihre Freunde den lieben langen Tag? Wie stehen sie zum Leben? Hier geht es ganz stark um Freundinnen. Wie denken diese über Männer? Da gibt es viele Möglichkeiten. Leider sind viele Einstellungen eher düster.

Dumme Sprüche

Kluge Sprüche wie: „Männer wollen immer nur das Eine! Ich lasse mir nichts mehr bieten! Ich lebe mein Leben! Ich brauche keinen Mann! Männer sind alle gleich!" Solche und viele weitere intelligente „Dumm-Aussagen" sind natürlich mehr als fragwürdig. Wie würde es sich anfühlen, wenn der Spieß einfach umgedreht wird, nach dem Motto: „Frauen sind alle gleich!" Was haben Sie jetzt für ein Gefühl, wo Sie diesen Satz gerade gelesen haben? Bestimmt nicht so ein gutes. Sicherlich spüren Sie eine gewisse Opposition. Sie haben das Gefühl, sich wehren zu müssen. Wahrscheinlich denken Sie sich: Ich aber nicht! Ob männlich oder weiblich, es gibt solche und solche. Es liegt ausschließlich an Ihnen, was Sie daraus machen. Sie haben die freie Partnerwahl, nutzen Sie diese.

Selektion

Aus diesem Grunde sollten Sie sich von Menschen, die solche Dinge leichtfertig in den Mund nehmen, und teilweise sogar mit großer Vehemenz in die Welt hinaustragen, ein wenig distanzieren. Sonst wird es nie klappen, mit einer neuen Partnerschaft, die in Harmonie und Frieden wachsen und gedeihen kann. Prüfen Sie klar und deutlich, was Sie gerne hätten und wo Sie hingehen möchten. Dann leben Sie danach. Dabei stört oft das alte Leben. Die alten Freunde versuchen, Sie dort zu behalten, wo Sie schon seit Jahren sind. Das ist viel einfacher und bequemer. Der Gewohnheitseffekt tritt einmal mehr in Kraft und wird bei Bedarf entsprechend verteidigt.

Verschmähung
Auf dem Weg in das neue Leben werden Sie auch die Schattenseite kennenlernen. Man wird Sie verbal attackieren, lässt nicht einfach die alte Freundin gehen. Das ist der Moment, in dem Sie sehr stark sein müssen. Jetzt trennt sich klar die Spreu vom Weizen. Der wirklich wahre und aufrichtige Freund, ob weiblich oder männlich, wird Sie unterstützen, Verständnis haben und sich mit Ihnen freuen. Der andere wird Sie angreifen und versuchen, Sie auf den Boden der Tatsachen zurückzuholen.

Beeinflussung von der Wiege bis zur Bahre

Das ist wohl unser Schicksal: Die permanenten und ewigen Beeinflussungen. Von früh bis spät unterliegen wir ihnen. Wenn wir dies erst einmal erkannt und analysiert haben, verstehen wir viel besser unsere Grundmuster. Durch die permanente Beeinflussung werden manche Dinge immer mehr verstärkt. Daraus entstehen unsere persönlichen Glaubenssätze. Diese sind meist alles andere als förderlich. Wir stehen uns dadurch oft selbst im Weg. Am Anfang haben wir es immer nur gehört. Durch die permanente Wiederholung werden die Inhalte der Sätze zur Realität. Wir denken, reden und handeln selbst so. Das müssen Sie ganz klar erkennen: Wo Sie stehen, was sich da zugetragen hat. Nun beginnt die Feinabstimmung oder wie es so schön im medizinischen Jargon heißt: Sie müssen sich neu einstellen. In diesem Falle nicht „einstellen lassen," sondern sich selbst Tag für Tag neu einstellen.

Meine Grundtendenzen

Wenn ich will, dass sich etwas ändert, muss ich entsprechend daran arbeiten. Von alleine tut sich rein gar nichts. Ich muss meine so genannten Grundtendenzen klar erkennen. Wie heißt es so schön: Selbsterkenntnis ist der erste Weg zur Besserung! Dadurch kann ich meine Verhaltensmuster so ändern, dass die entsprechenden Programme dabei herauskommen. Meine Ziele sind Programme, nicht mehr und nicht weniger.

Das Zufallsprinzip

Ich darf einfach nichts mehr dem Zufall überlassen. Der Satz sagt es sehr schön aus: Das was mir zufällt, bekomme ich auch. Ich nehme mein Leben in die eigenen Hände. Ich gestalte es, designe es, damit es so wird, wie ich es mir vorstelle. Keinesfalls anders und schon mal gar nicht so, wie es andere für mich gerne hätten.

Ihr eigenes „Ich"

Aus diesem Grunde habe ich dieses Buch geschrieben, das Sie schrittweise immer näher an Ihr eigenes Ich heranführt. Das Leben ist viel zu kurz, um es einfach so an sich vorbeiziehen zu lassen. Lernen Sie Ihr wahres Ich kennen. Es ist einer der schönsten Momente im Leben eines Menschen, wenn er zu seinem wahren Kern vorstößt. Da wo die Seele zu Hause ist. Unverfälscht und echt, ohne irgendwelche Indoktrinierung, die Ihnen sagt, was für Sie gerade wichtig ist, wie Sie zu leben haben und wie nicht. Kein Mensch auf dieser Erde hat das Recht, Sie in irgendetwas reinzuzwängen. Freiheit ist Ihr Grundrecht, leben Sie es!

War das mein Leben

War das alles? War das mein Leben? Ich habe es mir ganz anders vorgestellt. Wie oft hört man diese Aussage gerade von älteren Menschen. Da dürfen Sie niemals hinkommen. Ihre Aussage muss lauten: Ich habe mein Leben gelebt und lebe es immer noch nach meinen Wünschen, Vorstellungen und Bedürfnissen. Das ist Leben pur. Dafür lohnt es sich, jeden Tag aufzustehen, gerade zu stehen und zu kämpfen, wenn es notwendig ist. Ihr Leben ist das Kostbarste, was Sie besitzen. Es gehört Ihnen ganz alleine, von Geburt bis zum Tode. Alles kann Ihnen genommen werden, Ihr Leben bleibt, bis Sie die Augen schließen.

Sie schaffen es

Sie werden es schaffen, wenn Sie einfach nur daran glauben und sich auf den Weg machen. Sie sind schon mittendrin, das haben Sie bereits bewiesen. Sonst würden Sie nicht dieses Buch lesen. Sie haben so viel Kraft und Energie. Sie sind fähig, Sie können es – tun Sie es auch. Hier, jetzt und sofort.

Glauben Sie an sich

Glauben Sie an sich, arbeiten Sie jeden Tag daran und Sie werden erstaunt sein, wie sich die Dinge erfüllen. Auch wenn es viele Menschen in Ihrem Leben gibt, die versuchen Ihnen klar zu machen, dass es völliger Blödsinn ist, nach seinen eigenen Vorstellungen zu leben. Die Welt ist so schrecklich und wer weiß, was da noch alles auf uns zukommt. In der Regel folgen noch viele weitere Abschreckungssprüche.

Interne Bedrohung
Am schlimmsten ist es, wenn all das aus den eigenen Reihen kommt. Das trifft uns an einer Stelle, an der wir ganz besonders empfindlich und empfänglich sind. Die Liebsten fallen uns oft in den Rücken, anstatt uns auf unserem neuen Lebensweg zu stärken. Holen Sie sich deshalb lieber von außen Hilfe, zum Beispiel bei einem Coach. Wichtig dabei ist nur, dass der Coach entsprechende Erfahrung hat und auch selbst erfolgreich ist. Bei der eigenen Familie ist klar zu bedenken, dass Veränderungen gefürchtet und deshalb bekämpft werden. Denn durch Veränderung ist nichts mehr wie vorher und das bedeutet für viele, dass sie raus aus ihrer Komfortzone müssen. Das wird sehr unbequem, also kämpft man lieber dagegen an.

Alles schon vorbestimmt
Viele Menschen glauben leider an das so genannte unabdingbare Schicksal. Das Leben ist jedoch viel mehr. Es ist genau das, was wir daraus machen. Ein ganz großer Trugschluss ist die immer wieder gerne verwendete Formel: „Ich würde ja schon gerne, aber ..!" Wenn Sie gerne würden, ganz fest wollen, dann haben Sie auch die Kraft und Energie, die Dinge entsprechend umzusetzen. Sie nehmen Ihr Leben in die Hand, komme was da wolle. Es gibt keinen Schicksalsschlag, der Sie in irgendeiner Form in die Knie zwingen könnte, außer Sie lassen es zu. Dann gewinnen äußere Dinge Macht über Ihr Leben. Es ist viel sinnvoller und gesünder, wenn Sie selbst Herr über Ihr Leben bleiben.

Packen Sie es an
Sie müssen fest an sich und Ihr Leben glauben. An Ihre Kräfte und unzähligen Möglichkeiten, die alle in Ihrer Hand liegen. Der springende Punkt ist: Sie müssen genau wissen, was Sie wollen und was nicht. Dann kommt die Handlung. Diese zwei Dinge scheinen für die meisten Menschen zu so

einem unüberwindbaren Hindernis zu wachsen, dass sie lieber erst gar nicht damit anfangen. Der Glaube es zu schaffen, fehlt leider völlig.

Vergleich Landwirtschaft

Vergleichen Sie es mit einem Landwirt, der im Frühjahr auf seine Felder fährt. Dieser Bauer kann sich nicht vorstellen, was er im Frühjahr sät, im Herbst ernten wird. Deshalb fährt er zurück nach Hause, zu seiner Frau und sagt: „Hör mal zu, das gibt alles keinen Sinn. Der Boden sieht so trocken und öde aus, da wird niemals etwas wachsen." Im Herbst fährt er mit ihr auf den Acker: „Siehst du, ich habe Recht gehabt. Schau mal, hier ist gar nichts gewachsen, außer jede Menge Unkraut." Wer hat Recht? Natürlich der Bauer. So geht es vielen Menschen. Denken Sie immer daran, ohne Aussaat keine Ernte.

Nie mehr Fremdbestimmungen

Sie dürfen es einfach nicht mehr zulassen, dass andere über Sie bestimmen. Packen Sie es an, jetzt wo Sie schon soweit gekommen sind. Sie haben das Buch gekauft, lesen es Seite für Seite. Nur so haben Sie die Chance zu erkennen, dass das System auch für Sie funktioniert. Eine erfüllte und glückliche Partnerschaft muss kein Traum bleiben. Sie sind so ein wertvoller Mensch. Stehen Sie zu sich, bleiben Sie sich treu. Sie haben nicht nach den Ideen anderer zu funktionieren. Das war vielleicht mal die Wunschvorstellung Ihrer Eltern. Jetzt, da Sie volljährig sind, geht es nach Ihren Wünschen und Zielen. Auf was alles wollen Sie noch Rücksicht nehmen?

Skepsis ist zu bewältigen

Wenn Sie immer wieder die große Skepsis aufkommen lassen, die leider durch unsere Erziehung auf allen Ebenen und in allen Bereichen sehr stark verankert ist, werden Sie wieder verlieren. All die anderen werden sagen: „Siehst du, ich habe es dir gleich gesagt!" Durchbrechen Sie einfach diesen Bann, verabschieden Sie sich mit den Worten: „Ich nehme mein Leben ab sofort in meine Hände!" Eines kann ich Ihnen sagen: Sie werden sehr viel Spaß und Freude erleben. Sie haben es nicht nötig zu zweifeln. Wenn Sie dies tun, zweifeln Sie an sich selbst. Das ist das Allerletzte, was ein Mensch tun sollte. Glauben Sie an sich und Ihre Kraft. Ziehen Sie es durch. Sie werden vom Leben reichlich belohnt.

Positive Menschen

Tragen Sie Sorge, mit möglichst vielen positiven Menschen regelmäßig zusammenzukommen. Der größte Teil der Menschheit ist fremd gesteuert. Dies wird von den meisten mit großer Vehemenz von sich gewiesen, entspricht aber genau den Tatsachen. Die wenigsten sind bereit, Selbstverantwortung zu übernehmen. Tun Sie es doch, sorgen Sie dafür, viele großartige Menschen um sich zu sammeln. Menschen, die das Leben bejahen, die zu den Machern gehören und nicht zu den Jammerern, Zauderern und Unterlassern. Lassen Sie sich inspirieren und mittragen. Eine tolle Möglichkeit hierzu ist auch der Besuch unseres Seminars zu dem Thema: Glückliche und zufriedene Partnerschaft.

Ihre Erfolgsformel

Ich würde ja schon gerne, aber ... Das ist eine sehr oft gehörte Aussage, die so nicht stehen bleiben kann. Wenn Sie wirklich wollen, handeln Sie einfach. Der einzige Hinderungsgrund ist nicht die Welt da draußen, sondern nur Sie selbst. Es gibt eine sehr schöne Möglichkeit, endgültig davon Abschied zu nehmen. Die Zauberformel heißt: Z+P+T+K.

Die Erfolgsformel lautet Z + P + T + K

Ziel, Plan, Tun, Kontrolle wird im Geschäftsleben schon seit ewigen Zeiten angewendet. Sie hat unzählige Unternehmer und Sportler zum Erfolg geführt. Sicherlich haben Sie die Formel schon angewandt. Die meisten tun es jedoch unbewusst. Das ist einer der großen Knackpunkte. Um zum Erfolg zu kommen, unabhängig in welchen Bereichen, muss man ganz einfach die Erfolgsmechanismen kennen und mit großer Konsequenz anwenden.

Das Erfolgsleben
Bei unserer Arbeit mit vielen Kunden taucht immer wieder das gleiche Problem auf. Viele Menschen, hier vor allem Frauen, sehnen sich nach einer idealen Partnerschaft und erleiden immer wieder Schiffbruch. Das ist mehr als schade. So kamen wir auf die Idee, was im Berufsleben so gut funktioniert, einfach auch im Partnerschaftsbereich auszuprobieren. Was wir auf unzähligen Schulungen zur Führung erfolgreicher Geschäfte vermitteln, das muss doch auch hier funktionieren. Mehr als daneben gehen, konnte es ja nicht. Alles im Leben unterliegt stets den gleichen Mechanismen. Manche führen zum Erfolg und manche zum Misserfolg.

Business und Privat
So haben wir uns mit den ersten Damen an das Experiment gewagt. Siehe da, es funktionierte großartig. Daraufhin entstand der Gedanke und der Wunsch, ein Buch darüber zu schreiben und es möglichst vielen Menschen zugänglich zu machen. Es ist in der Tat schade und traurig, in einer unangenehmen Partnerschaft festzusitzen, oft nur mit einem kleinen Hoffnungsschimmer, dass es irgendwann mal besser werden könnte. Allein von der Hoffnung zu leben, ist nicht zu empfehlen.

Wichtiges Zitat

Wie heißt es so schön: Schiffe werden gebaut, um aufs offene Meer hinauszufahren und nicht um im Hafen zu liegen. Genau das tun jedoch viele Menschen. Sie warten lieber auf bessere Zeiten, anstatt zu handeln. Hierzu gehört aber der Glaube, dass das Glück auch bei Ihnen vorbeischaut. Da werden sogar Kartenlegerinnen aufgesucht, die auf verschiedene Weise die Zukunft voraussehen sollen. Den Zeitpunkt bestimmen, wann der richtige Partner kommt. Anderen erscheint diese Vorgehensweise absurd. Sie rennen lieber jedes Wochenende in die Disko oder auf Feste, um endlich den Traumpartner zu finden.

Erster wichtiger Schritt: Mein Ziel

Der erste wichtige Schritt ist es herauszufinden, was für ein Ziel Sie haben. „Klar", sagen Sie jetzt, „einen Mann finden!" Es könnte auch eine Frau sein, aber gehen wir von einer Frau aus, die einen Mann sucht. Vielleicht fügen Sie hinzu, dass er lieb sein sollte, treu wäre auch ganz nett. Das ist einfach zu wenig und zu ungenau, um die Suche erfolgreich zu machen. Um Erfolg zu haben, müssen Sie sich schon intensiver mit dem Thema beschäftigen.

Der zweite wichtige Schritt

Wenn wir endlich alle Eckdaten haben, können wir einen entsprechenden Plan machen. Vorher müssen Sie aber unbedingt alles bis ins kleinste Detail aufschreiben. Je genauer, umso besser. Dieses Brainstorming, oder besser gesagt das Aufschreiben all Ihrer Ideen, sollte immer ohne jegliches Vorurteil gegenüber Ihnen und Ihrem Projekt erfolgen. Erst wenn alles gesammelt wurde, geht es in die nächste Runde. Jetzt folgt die detaillierte Planung und gleich darauf die Umsetzung. Konsequent und permanent ohne nach links und rechts zu schauen, bis das Ziel erreicht ist. Parallel dazu läuft das Controlling. Nur durch eine permanente Überprüfung haben wir die Gewähr, nicht vom Weg abzukommen. Das passiert viel schneller und leichter als man denkt.

Keine „Verschieberitis" mehr

Sie wollen etwas erreichen, Ihr Leben neu gestalten? Sie möchten einen neuen Partner? Dann müssen Sie anfangen und dürfen nicht warten. Sie kennen die Situationen, von alleine wird sich nichts tun. Stellen Sie sich vor, Sie möchten in Urlaub fahren und besuchen ein Reisebüro. Sie lassen sich alles erklären und studieren die Prospekte. Das machen Sie immer wieder aufs Neue. Sie kommen jedoch nicht zu einer Entscheidung. Folglich fahren Sie nicht in den Urlaub.

Mein Traummann, welche Eigenschaften muss er haben?

Um richtig voranzukommen, müssen Sie ganz klar festlegen, wie er sein sollte. Einfach nur lieb ist zu wenig. Was nützt es, wenn er lieb ist und Ihnen andere Eigenschaften auf Dauer nicht gefallen? Dann werden Sie bald wieder vor einem Problem stehen. Genau das wollen wir vermeiden. Manche Fehler muss man nicht wiederholen, dazu ist das Leben viel zu kurz.

Klare und konkrete Ziele

Ziele müssen immer klar und konkret sein. Nur dann gelingt die Planung und Umsetzung. Je präziser die Planung, umso besser der Erfolg. Der Fachausdruck dafür lautet: „Zielklarheit!" Nur das, was absolut klar ist, kann ich auch anpeilen und treffen. Wie heißt es so schön: Mitten ins Herz! Damit tun sich die meisten Menschen leider sehr schwer.

Kluge Sprüche

Wie sagen Kinder so schön? „Ich will, ich will, ich will ...!" Dann geht es los mit den klugen Sprüchen der Erwachsenen: „Sei nicht so egoistisch, was hast du schon zu wollen? Was weißt du schon? Warte bis du groß bist, dann wirst du schon sehen ...!" Alles dumme und einengende Sprüche, die aus dem Heranwachsenden eine eingeschüchterte Kreatur machen, einen Menschen, der sich ein Leben lang schwer tut. Dann bleibt nichts anderes übrig, dass wir uns in späteren Jahren selbst darum kümmern. Sorge tragen, dass unser Leben endlich die gewünschte Wende erhält.

Planung ist das halbe Leben

Sicherlich denkt jetzt der eine oder andere: So ein Quatsch, Liebe kann man nicht planen. Es kommt, wie es kommt. Wenn man sich verliebt und es passt, ist es in Ordnung. Die große Frage, ob dem wirklich so ist. Die Statistiken lassen anderes vermuten. Immer öfter fällt die Institution Ehe auseinander. Es kracht fast an allen Ecken und Enden. Warum viele ältere Ehen überhaupt noch funktionieren, hat damit zu tun, dass die meisten Frauen schweigen, obwohl sie unglücklich sind. Mangels Perspektiven und der genossenen Erziehung bleibt man lieber in der alten Ehegemeinschaft. Wie oft hören wir von unseren Kunden: „Es war halt immer schon so. Die paar Jahre halte ich noch durch. Ich bin jetzt schon so alt. Was soll ich denn machen? Das gibt doch alles keinen Sinn mehr." Im Grunde traurige Geschichten, die das Leben schreibt.

Niemals klein beigeben
Niemals klein beigeben, das ist eine der großen Aufgaben. Es lohnt sich mit Gewissheit, das eigene Leben zu leben. Es ist das Schönste, was wir Menschen erreichen können. Wenn noch Glück und Zufriedenheit hinzukommen, ist der Himmel auf Erden perfekt. Kein Preis darf zu hoch sein, um dahin zu gelangen.

Der Preis ist sehr hoch
Leben Sie nicht Ihr Leben, ist es grausam für Ihre Seele. Sie wird eines Tages daran erkranken. Ein hoher Preis, den Sie dafür bezahlen. Oft wird dabei die eigene Persönlichkeit aufgegeben, man funktioniert nur noch. Dafür haben wir nicht unser kostbares Leben geschenkt bekommen, sondern vielmehr, um eine Meisterleistung daraus zu machen. Wir zahlen doch so oder so unseren Preis, bitte gleich richtig und für das, was wir wollen. Sie müssen sich im Klaren sein, warum Sie jeden Tag aufstehen und Ihr Leben leben.

Nutzen Sie Ihre Gedankenfreiheit
Wir leben Gott sei Dank in einem Land, wo fast alles möglich ist. Gedankenfreiheit und freies Handeln, sind eine großartige Ausgangsbasis. Wenn Sie denken, dass in diesen Zeilen etwas Wahres steckt, setzen Sie sich hin und schreiben alles auf. Machen Sie sich auf den Weg. Sie können diese Erfolgsmechanismen selbstverständlich auch für andere Bereiche Ihres

Lebens anwenden. Die Erfolgsformel Z+P+T+K hilft bei allen Themen. Voraussetzung: Konsequentes Umsetzen, sich nicht von anderen, seien es Menschen oder Umstände, beirren lassen.

Ihre Lebenszeit läuft
Unser Leben ist erstens viel zu kurz und zweitens viel zu wertvoll, um es mit unnötigen Banalitäten zu verbringen oder mit belastenden Situationen. Die Lebensuhr läuft so rasend schnell. Blicken Sie nur einmal kurz zurück: Wo sind die letzten paar Wochen geblieben? Die letzten Jahre? Sie sind in rasendem Tempo an uns vorbeigedonnert. Wenn wir jetzt nicht aufpassen, sind wir plötzlich alt und sagen wie die meisten: „Das soll alles gewesen sein?" Das wäre das Schlimmste und Traurigste, was Ihnen passieren könnte.

Leben Sie endlich Ihr Leben
Leben Sie Ihr Leben, leben Sie es so, dass Sie zum Schluss sagen können: „Ich habe gelebt, alle Möglichkeiten und Chancen genutzt. Ich habe nichts zu bereuen, im Gegenteil, ich bin stolz auf das, was ich erreicht habe und bin." Lassen Sie diese Worte noch einmal in Gedanken durch Ihren Kopf wandern. Wie fühlt es sich an? Dies ist eine der größten und wichtigsten Aufgaben, zugleich aber auch die schwierigste. Doch sie ist nicht unüberwindbar, denn wir sind zu allem imstande. In uns ist alles Notwendige angelegt. Wir müssen es einfach nur Tag für Tag nutzen. Genau das ist der nächste Punkt: Die meisten Menschen nehmen sich vor, die großartigen Fähigkeiten ab und an zu nutzen. Nur so wird es nicht funktionieren, denn uns fehlt die Übung.

Die Spielregeln des Erfolges
Lassen Sie uns gemeinsam die einzelnen Punkte durcharbeiten. Sie werden mit Sicherheit viele alte und neue Erkenntnisse gewinnen. Es lohnt sich, denn das Leben mit anderen Menschen zusammen ist wunderbar, wenn man einige Spielregeln einhält. Das ist immer die Grundbedingung. Von nichts kommt nichts. Zufälle gibt es nur wenige. Außerdem sollten Sie nie mehr von Zufällen leben müssen, denn Zufälle sind Dinge, die

übrig bleiben. Man spricht hier auch von Zufällen als Abfälle. Haben Sie das verdient? Ich glaube nicht. Sie sind ein Sieger und Gewinner, leben Sie danach.

Machen Sie eine Meisterleistung

Wir wollen keine Zufälle, sondern unser Leben selbst und ganz aktiv gestalten. Wir nehmen unser Leben in die eigenen Hände und machen eine Meisterleistung daraus. Kommen wir weg von dem Motto: Alles ist Schicksal! Wir können daran nichts ändern. Davon sollten Sie sich ganz schnell verabschieden, das entspricht nicht der Wahrheit. Wir können sehr wohl etwas tun, nur müssen wir uns dessen zuerst einmal bewusst werden. Erst dann haben wir auch die Chance, es entsprechend anzupacken. Ziehen wir Bilanz!

Wie muss Ihr neuer Partner sein?

Bitte seien Sie nun ganz mutig und frech. Gehen Sie tief in Ihr Inneres. Holen Sie all Ihre Wünsche und Sehnsüchte hervor. Mit Sicherheit werden Sie zwei Seelen in Ihrer Brust entdecken. Die eine sagt: „Das wäre ja zu schön, um wahr zu sein!" Die andere: „Das wird eh nicht funktionieren, lass es lieber sein!" Die erste Antwort enthält noch die Unbekümmertheit der Kindheit. Die Zweite ist ganz klar das Erwachsenen-Ich, sachlich, nüchtern und hoffnungslos. Jeglicher Hoffnungsschimmer wird bereits schon im Vorfeld vernichtet. Das ist sehr schade, Sie bringen sich dadurch um schöne und außergewöhnliche Momente.

Kindliche Unbekümmertheit
Denken Sie zurück an Ihre anfängliche, kindliche Unbekümmertheit. Was wollten Sie alles werden und sein? Sie haben damals so fest an Ihre Träume und Wünsche geglaubt, waren so glücklich in Ihrer Welt ohne Grenzen. Dann kam die Teenagerzeit. Diese war schon nicht mehr so unbekümmert. Ein wenig später kam das Erwachsenen-Alter mit Riesenschritten auf Sie zu.

Verbote und Gebote
Jetzt kommen all die vielen Verbote, Gebote und Einschränkungen. Schade, denn wer nicht mehr träumen kann, hat aufgehört zu leben. Seien Sie einfach wieder ein kleines Mädchen und überhören Sie die anderen Stimmen. Kreieren Sie Ihren Traumprinzen. Es gibt ihn wirklich! Das Einzige, was Sie dazu benötigen, ist Mut. Mut zu sich selbst zu stehen und die Dinge endlich einmal schriftlich auf den Punkt zu bringen.

Schriftlich festhalten
Es schriftlich zu tun, ist ein ganz wichtiger Aspekt. Setzen Sie sich hin und halten alles schwarz auf weiß fest. Bei diesem Akt bekommen Sie

eine ganz neue Sicht der Dinge. Holen sie alles aus dem Nebel Ihres Unterbewusstseins. So wird es für Sie greifbar und das ist wichtig. Das gibt Ihnen die Chance, Dinge mit denen Sie nicht konform gehen, zu streichen, klare Prioritäten zu setzen und entsprechend anzufangen. Das ist schließlich der entscheidende Punkt. Wenn Sie nicht anfangen, wird alles immer nur ein Traum bleiben.

Die Thematik gilt auch für Männer
Das Buch ist nicht nur für Frauen geschrieben. Männer können genauso viel daraus lernen. Sich eine Traumpartnerin kreieren. Hier geht es genauso um das Tun; dynamisch und ohne zu zögern. Denken Sie daran: Ihre Lebenszeit läuft. Irgendwann ist sie abgelaufen. Wie schön ist es, wenn alles gepasst hat. Sie wirklich sich selbst gelebt haben! Es nützt nichts, immer nur vage zu träumen, wie es denn sein könnte. Viel besser ist es, endlich an die Verwirklichung zu gehen. Einfach Nägel mit Köpfen zu machen.

Das Leben ist zu kurz
Das Leben ist viel zu kurz, um unglücklich zu sein. Dafür sollten Sie sich viel zu schade sein. Nun haben Sie die Möglichkeit, endgültig etwas daran zu ändern. Am besten nehmen Sie einige Blätter Papier, einen Bleistift und beantworten jetzt alle Fragen. Lesen Sie nicht weiter, wenn Sie denken, dass Sie später beginnen. Kennen Sie das nicht? „Verschieberitis" ist eine der schlimmsten Krankheiten. Denn später werden Sie genauso viel oder wenig Zeit haben wie jetzt. Es gibt immer wieder Gründe, es nicht zu tun. Jedoch nur einen einzigen es zu tun: Ihr Leben!

Keine Zeit haben
Es gibt viele Dinge, die uns oft in ihren Bann ziehen und von unseren eigentlichen Plänen abhalten. Wie schnell sind wieder einige Jahre vergangen. Zwischendurch erinnern wir uns daran, da war doch noch etwas, was wir tun wollten? Das haben Sie mit Sicherheit schon einige Male erlebt. Noch sind Sie jung, haben Power und Elan es locker anzupacken. Vergessen Sie niemals: Von alleine wird sich nichts lösen!

Was muss Ihr neuer Traumpartner verkörpern?

Vorbei sind die Zeiten der vielen Kompromisse, ab jetzt gilt es. Machen Sie die größte Meisterleistung Ihres Lebens! Das Einzige, was Sie dazu benötigen, ist Mut und fester Glaube. Dann führen Sie die Dinge so durch, wie es in diesem Buch steht. Unabhängig von dem, was all die anderen meinen. Es gibt mindestens drei Sorten von Menschen. Die größte Gruppe sind die Negativen, dann kommen die Gleichgültigen und ein ganz kleiner Prozentsatz sind die Positiven.

In der Kurzübersicht

Hier geht es um Dinge, die sehr wichtig sind. Aus diesem Grunde sollten Sie bitte nichts, aber auch gar nichts auslassen. Wenn Ihnen zu dem einen oder anderen Thema im Moment nichts einfällt, machen Sie mit den anderen Punkten weiter. Kehren Sie dann später einfach zu diesem Thema zurück und überlegen neu. Sie werden sehen, es funktioniert auch bei Ihnen. Ich wünsche Ihnen viel Glück und Erfolg bei der Umsetzung.

1. Das Aussehen meines neuen Partners
2. Die kleinsten Details sind wichtig
3. Hygiene und Pflege
4. Die inneren Werte sind doch wichtiger
5. Der Beruf
6. Das liebe Geld
7. Freunde
8. Familie
9. Hobbys
10. Einstellung zum Leben

Das Aussehen meines neuen Partners

Darüber lässt sich streiten. Oft kommen noch die Sprüche hinzu: „Schönheit ist vergänglich! Schönheit ist nicht alles!" Wenn wir die Wahl haben, sollten wir uns richtig am großen Büffet bedienen. Sie haben ganz bestimmte Präferenzen, stehen Sie dazu. Halten Sie diese fest. Denn es ist ein Unterschied, ob Sie zum Beispiel kleine oder große Männer mögen.

Nichts dem Zufall überlassen

Überlassen Sie es nie mehr dem Zufall, nach dem Motto: Mal sehen was da auf mich zukommt. Gehen Sie den Weg der Erfolgreichen! Es lohnt sich und macht vor allem unendlich viel Spaß und Freude, endlich zu sich selbst zu stehen und seine wahren Lebensziele zu erfüllen. Denken Sie daran: „Zufall ist immer die schlechtere Wahl!" Es ist das, was übrig bleibt. Sie haben mehr verdient. Je genauer Sie wissen, was Sie wollen, desto leichter werden Sie das auch bekommen. Vergessen Sie dabei nie, Ihre Lebenszeit läuft. Meinen Sie nicht auch, dass es sich lohnt, langsam aber sicher nach der eigenen Fasson zu leben? Ich denke schon. Es ist sicherlich keine leichte Aufgabe, die man mal kurz nebenher erledigt. Aus diesem Grunde fangen Sie heute noch an, den ersten Schritt in Ihr neues Leben zu gehen. Verlassen Sie die alten Pfade.

Es passt oder auch nicht

Denken Sie an Ihren Geschmack und halten Sie daran fest. Geschmäcker sind verschieden und das ist gut so. Lassen Sie sich von niemandem mehr beeinflussen.

Wachsweiche Aussagen

Nicht zu groß, aber auch nicht zu klein. Wie soll Ihr Unterbewusstsein da überhaupt klar kommen? Keine Chance, dass daraus etwas wird. Dann tritt einmal mehr das Zufallsprinzip in Kraft. Das haben Sie bestimmt schon öfters erlebt. Damit sollten Sie sich nie mehr zufrieden geben. Sie wissen, was Sie wollen und danach richtet sich Ihr ganzes

Bestreben. Je genauer, desto besser. Feinabstimmung nennt man so etwas. Wenn Sie es tun, werden Sie feststellen, dass es auf großartige Weise funktioniert.

Kleine Männer
Wollen Sie lieber auf einen Mann herunterschauen? Ihn vielleicht „an die Brust nehmen?" Es gibt viele Frauen, die das mögen. Oft wächst dabei der Beschützerinstinkt. Wenn Sie jedoch kleine Männer nicht so sehr mögen, dann lassen Sie tunlichst die Finger von ihnen.

Große Männer
Bevorzugen Sie lieber große Männer? Um sich anzulehnen und hoch schauen zu können? Stattliche Männer mit Format? Egal, stehen Sie einfach nur dazu und ändern Sie nicht mehr den Weg, wenn er erstmal feststeht. Groß oder klein ist eine Frage der eigenen Präferenzen. Nicht mehr und nicht weniger.

Körperstatur
Neben der Größe ist auch die Statur wichtig. Mögen Sie eher schmächtige oder eher kräftige Männer? Mit Bauchansatz oder lieber ohne, durchtrainiert (Bodybuilder) oder oder oder? Nutzen Sie die Vielfalt. Es gibt von allem, Sie haben die Wahl.

Gewichtsklasse
Welches Gewicht sollte Ihr neuer Partner haben? Was sind Ihre Vorlieben? Manche mögen es ganz dünn und damit auch leicht. Andere Damen bevorzugen eine gewisse Gewichtsklasse, weil da einfach mehr dran ist. Hauptsache Ihnen gefällt es.

Sportlich oder Unsportlich
Mögen Sie lieber den durchtrainierten oder den unsportlichen Typ? Beachten Sie: Wenn jemand sehr durchtrainiert ist, bedingt das auch einen bestimmten Zeitfaktor. Das geht nicht von alleine. Wer viel trainiert, hat für andere Dinge keine oder viel weniger Zeit.

Worauf stehen Sie wirklich
Es gibt nichts Schlimmeres, als eines Tages sagen zu müssen: „Eigentlich hätte ich ja lieber einen großen und durchtrainierten Mann gehabt. Jetzt habe ich einen kleinen mit viel Bauch." Schade, denn so haben Sie die Chance verpasst. Desweiteren ist es auch sehr unfair dem Partner gegenüber. Dieser kann wahrhaftig nichts dafür. Sie würden ihn nur unnötig erniedrigen. Das fällt wiederum auf Sie zurück.

Die intimsten Wünsche
Das ist ein großes Tabuthema. Dabei ist Intimität ein fester Bestandteil einer Beziehung. Wenn es da nicht stimmt, sind Probleme bereits vorprogrammiert. Das neue Leben sollte ohne Probleme anfangen. Locker, lässig, leicht und vor allem bereits von der ersten Minute an viel Freude bereiten. Stehen Sie zu Ihren Neigungen, das ist Ihr gutes Recht. Verkörpern Sie diese und weichen Sie davon nicht mehr ab. Unendlich viele Probleme basieren hierauf.

Die kleinsten Details sind wichtig

Viele kleine Nuancen ergeben schlussendlich das Ideale, damit Sie glücklich und zufrieden sind. Gehen Sie es ganz minutiös an. Auch wenn Ihre linke Gehirnhälfte vielleicht sagt: „Alles Quatsch, wer macht denn so etwas?" Dann können Sie mit gutem Gewissen sagen: „Ich mache das, weil es Spaß macht und ich mir eine großartige Partnerschaft aufbaue. Weil ich genau diesen Menschentyp mag." Designen Sie buchstäblich Ihren Traumpartner. Mit ein wenig Durchhaltevermögen werden Sie sehen, dass es klappt. Sie werden viel Freude erleben. Starten wir bei den Wurzeln des Menschen, den Füßen.

Die Füße

Fangen wir bei den Füßen an, sie sind in der Tat die Wurzeln des Menschen. Welche Füße darf er haben? Eben hat Ihre innere Stimme bestimmt wieder gesagt: „Was soll der Quatsch? Das ist doch egal, was für Füße der Partner hat." Ich werde Ihnen genau in diesem Moment das Gegenteil beweisen.

O-Ton einer Kundin

Wie sagte eine Kundin so schön: „Der Mann war echt klasse, er hatte Stil, sah umwerfend aus und war charmant. Einfach alles hat gepasst. Ich würde sagen, er war der Traummann. Wir sind uns näher gekommen, haben uns geküsst und später langsam ausgezogen. Es prickelte, die feinste Unterwäsche, alles sehr vielversprechend. Mein Herz schlug in den höchsten Tönen. Doch dann zog er seine Strümpfe aus. Es haute mich fast um. Ein Geruch, eine Fußfarbe, die Zehen verkrümmt, es war so schrecklich. Für mich war es gelaufen!"

Wie fühlen Sie sich jetzt?

Was würden Sie jetzt tun? Alles kein Problem oder was? Ich bin mir sicher, dass es Sie beschäftigen würde. Sie mit Gerüchen auch einige Probleme haben. Was macht jetzt die Romantik, die bezaubernde und erotische Stimmung? Ich kenne nur ganz wenige Menschen, die Geruchs-Fetischisten sind. Die meisten haut es vom Sockel.

Vielleicht schmunzeln Sie auch

Oder Sie denken: Mein Gott, was soll denn das? Es muss einfach alles passen, nicht mehr und nicht weniger. Wenn jemand Füße hat, die zu einer starken Schweißabsonderung neigen, muss etwas getan werden. Leider werden in der Regel die Füße sehr stark vernachlässigt. Das ist eine Zumutung für jeden Partner. Mit der richtigen Pflege und den richtigen Produkten, kann man das sehr gut in den Griff bekommen. Wir haben in unseren Naturkosmetik-Schönheitsfarmen großartige Erfolge erzielt.

Ist nicht schlimm

Natürlich können Sie sagen: „Ach, es ist ja nicht schlimm. Ich werde mich schon daran gewöhnen. Ich kann ihm bestimmt dabei helfen." Oder wie neulich eine Dame beim Coaching meinte: „Hauptsache er hat Kohle!" Sie werden sich an gar nichts gewöhnen. Es wird immer ein störender Faktor bleiben. Gemeinsam solche riechenden Füße in den Griff zu bekommen, ist eine sehr langwierige Aufgabe. Möchten Sie hier schon die ersten Kompromisse eingehen?

Weltverbesserer
Vielleicht gehören Sie zu den ewigen Optimisten, die sicher sind, alles in den Griff zu bekommen. Bedenken Sie dabei: Probleme die sich über Jahre manifestiert haben, und seien es Stinkfüße, werden auch Sie kaum lösen. Vielleicht hat sich der gute Mann noch nie ernsthaft damit auseinandergesetzt, weil es ihn nicht sonderlich interessiert. Und Sie wollen ihm helfen? Sie werden eher daran zerbrechen, als die alten und stabilen Gewohnheiten anderer Menschen zu ändern. Wer schon fast ein ganzes Leben lang mit solchen Füßen lebt, der hat keinen großen Handlungsbedarf.

Die Beine

Hier streiten sich die Götter. Sie können natürlich alles so nehmen, wie es kommt. Das ist die eine Möglichkeit. Oder Sie überlegen sich, wie die Beine beschaffen sein sollten.

Beinmöglichkeiten
Da gibt es welche, die lieben lange Beine, durchtrainierte, kurze, nackte, behaarte, mit oder ohne Krampfadern, dicke, oder straffe. Stellen Sie sich einfach kurz vor, wie es sich im jeweiligen Fall anfühlt, wie Sie in Gedanken über die unterschiedlichen Beine streichen.

Traummann kreieren
Kreieren Sie Ihren Traummann. Was gibt es Schöneres und Spannenderes, als dies in aller Ruhe und Gemütlichkeit vom so genannten grünen Tisch aus zu tun? Was spricht dagegen es nicht zu tun? Eher sehr viel dafür. Ergreifen Sie die Chance, sich wenigstens einmal im Leben in Ruhe damit zu beschäftigen. Es lohnt sich, Sie erhalten dadurch ein völlig neues Feeling.

Neues Feeling für Sie
Dabei lernen Sie sich wesentlich besser kennen. Manchmal werden Sie über sich selbst erschrecken, manchmal schmunzeln. Auf jeden Fall werden Sie völlig neue Facetten an sich entdecken. Sie sind zu viel mehr imstande, als zu dem, was Sie im Moment tun und leben. Woher ich das weiß? Ganz einfach: Sie haben alle Fähigkeiten und Möglichkeiten dieser Welt in sich vereint. Es gilt nur, diese auszuschöpfen.

Der Po

Da heißt es doch, dass immer nur Männer den Frauen auf den Po schauen. Diese These ist ganz klar widerlegt. Frauen tun das genauso. Ist das nicht toll, ein schöner Po?

Wie soll er denn sein
Faltig, straff, hängend, durchtrainiert, mit Cellulite und Dellen? Auch Männer sind hier mittlerweile sehr stark auf dem Vormarsch. Sie glauben, das gibt es nicht? Aber ja doch, da gibt es die tollsten Pos und Popöchen. Was für einen ziehen Sie vor? Viel Spaß dabei!

Der Penis

Vielleicht finden Sie es komisch, sich auch noch darüber Gedanken zu machen. Er gehört jedoch fest zum Programm dazu. Sie werden bestimmt schon Ihre Erfahrungen gesammelt haben. Erfahrungen, die Sie begeistert haben – oder auch nicht. Es muss letztlich einfach passen. Machen Sie sich die Mühe.

Unterschiedliche Modelle
Es gibt ganz kleine, kaum sichtbare, krumme, dicke, ganz lange, dünne und noch einige mehr. Wovon träumen Sie? Jetzt können Sie es natürlich so handhaben, wie die eine ältere Dame: „Das ist mir doch egal, ich sehe ihn nicht bei Helligkeit!"

Freude auch bei Helligkeit
Das ist eine Möglichkeit, das Ganze ausschließlich bei Dunkelheit stattfinden zu lassen. So wie es früher in vielen Familien üblich war. Nach verschiedenen Überlieferungen ist das Ding ja eh nicht so sauber, also nimmt man es weder in die Hand noch in den Mund. Das bisschen Einführen, na ja, das gehört halt dazu. Könnte ja sein, dass es sogar Spaß macht.

Penisgesteuerte Männer
Das haben Sie bestimmt auch schon gehört. Schade, wenn Sie so etwas glauben. Aber es mag schon Männer geben, die nur unter der Gürtellinie denken und von dort gesteuert werden.

Der Bauch

Eine riesige Auswahl ist vorhanden: Von durchtrainiert bis zu schwabbelig, von riesengroß bis zum Spitzbauch. Auch hier gilt einmal mehr: Mit oder ohne Cellulite. Wovon träumen Sie? Was gefällt Ihnen?

Worauf stehen Sie
Es hat keinen Sinn, ein Leben lang von einem Waschbrettbauch zu träumen und der eigene Partner hat genau das Gegenteil. Natürlich kann man damit leben. Schlussendlich können wir ja fast mit allem leben. Wir möchten aber einen Neuanfang starten und da sollten Sie einfach alle Möglichkeiten ausschöpfen.

Stehen Sie zu sich
Das Schlimmste, was Sie als Mensch tun können, ist sich selbst nicht treu zu sein, sich zu verleugnen. Sie haben ein Anrecht auf Freiheit, auf freie Meinungsäußerung. Dafür haben sich viele Generationen vor uns stark gemacht. Nutzen Sie dieses Privileg für sich. Es ist wahrlich nicht selbstverständlich, auch wenn es uns oft so vorkommt.

Der Oberkörper

Soll er behaart, breit oder eher schmächtig sein? Wo fühlen Sie sich zu Hause? Sicherlich haben Sie sich noch nie über einen Menschen so viele Gedanken gemacht. Wir befinden uns jedoch in der so genannten „kreativen Werkstatt," im Designer-Büro, und genau das soll hier passieren.

Durchtrainiert
Ein vom täglichen Fitnessstudio-Gang gestählter Körper, wo jeder einzelne Muskel zu sehen ist, mag einige antörnen. Jede Faser kommt raus, alles zeichnet sich durch das Hemd ab. Dafür wurde intensiv und hart gearbeitet. Hier können Sie ganz klar ein hohes Maß an Durchhaltevermögen feststellen, denn ohne dieses käme ein solcher Körper nicht zustande.

Normal
Normal, wie es die Natur vorgesehen hat. Da gibt es eine riesige Auswahl. Natürlich ist es nicht ganz so leicht wie bei Frauen, wo es noch die Unterscheidung zwischen kleinen, mittleren oder großen Busen gibt.

Die Arme

Kurze oder lieber lange? Straffe, durchtrainierte oder eher wabbelige? Sie checken einfach nur, wonach Ihnen ist. Stehen Sie dazu.

Die Hände

Was für Hände muss er haben? Das ist ganz wichtig, denn diese Hände werden Sie später berühren. Sie müssen sie mögen, Form, Farbe, Wärme, Größe und vieles mehr.

Hände sprechen
Hände sind von ganz großer Bedeutung. Neben dem Mund sprechen auch die Hände. Lieben Sie schöne, elegante oder lieber schlagende Hände? Es gibt in der Tat mehr als genug Hände, die schlagen. Wie oft habe ich schon gehört: „Am Anfang hat er nicht seine Hand gegen mich erhoben. Plötzlich ging es los!" Kein schöner Moment, wenn das passiert.

Was törnt Sie an?
Was haben Sie hier für ein Feeling? Schöne schlanke, zartgliedrige oder eher stabile und feste Hände. Es gibt so viele verschiedene Handformen. Was törnt Sie richtig an? Was würde Sie glücklich machen? Welche Hände möchten Sie gerne auf Ihrem Körper spüren? Ich erinnere mich noch sehr gut an eine Kundin: „Ich konnte es nicht mehr ertragen, dass er mich mit seinen feuchten und schwitzigen Händen anfasste!"

Beruf und Hände
Sie gehören in die gleiche Familie. Denken Sie einmal kurz an die Hände eines Büromenschen und Arztes, und dann an die eines Kfz-Schlossers und eines Maurers. Alles Hände, und doch so unterschiedlich wie die Träger selbst. Wir finden immer wieder diese Parallelen. Ein Pianist zum Beispiel lebt mit seinen feingliedrigen Händen in einer ganz anderen Welt als ein Waldarbeiter. Jeder hat andere Probleme zu bewältigen und ein komplett anderes Umfeld.

Der Rücken

Ein uraltes Sprichwort: Ein schöner Rücken kann auch entzücken. Dieser sollte so sein, dass er für Sie in Ordnung ist. Manch einer mag durchtrainierte Rücken, der andere ganz normale und andere lieber ein breites Kreuz. Wenn Sie Ihren neuen Schatz von hinten sehen, sollte Ihr Herz höher schlagen, dass Sie sagen können: „Wow, der sieht aber gut aus!"

Das Gesicht

Was für ein Gesicht spricht Sie an? Wie soll es sein? Eher finster, nett oder strahlend? Hier gibt es unzählige Varianten. Finden Sie für sich heraus, wie Sie es gerne hätten. Ein glattes oder eines voller Unreinheiten? Lachen Sie jetzt nicht, da gibt es die tollsten Sachen.

Die Hautbeschaffenheit
Es gibt so viele verschiedene Hauttypen, wie Menschen auf diesem Planeten. Studieren Sie die nachfolgenden Aufführungen. Ich denke, das ist sehr wichtig, denn schließlich möchten Sie das Gesicht ja vielleicht küssen. Überprüfen Sie, wie es sich anfühlt, die verschiedenen Gesichter zu beschmusen.

Glatte und reine Haut
Da gibt es Männer, die eine wunderschöne und glatte Haut haben. Gut gepflegt strahlt die Haut in ihrer ureigenen Schönheit. Welch ein Anblick, was für eine Makellosigkeit. Das ist natürlich nicht immer so.

Hautunreinheiten
Menschen mit vielen Hautunreinheiten gibt es wesentlich öfter. Man kann es natürlich ganz einfach damit abtun, indem man die alte Ausrede nimmt: Es ist halt so! Das ist jedoch viel zu einfach. Mann und Frau können sehr wohl etwas für ein schönes Hautbild tun. Nur geschieht dies nicht von alleine. Es muss schon eine intensive Systempflege betrieben werden. Wir sehen es auf unserer Naturkosmetik-Schönheitsfarm, dass immer mehr Männer etwas für sich tun. Sie fangen an, sich richtig und mit System zu pflegen. Wenn eine Haut mit den richtigen Produkten gepflegt wird, wir sprechen hier von zertifizierten Naturkosmetik-Produkten, wird sich das Hautbild entsprechend ändern.

Besuch beim Hautprofi
Genauso gehört auch der regelmäßige Besuch beim Hautprofi dazu. Dort wird die Haut gründlich gereinigt. Danach folgt ein natürliches Peeling, welches die abgestorbenen Hautschüppchen entfernt.

Tiefenreinigung mit der Schlinge

Dem folgt die Tiefenreinigung, bei der die tiefer sitzenden Hautunreinheiten entfernt werden. Dies kann nur der Profi machen, da die Verletzungsgefahr einfach zu groß ist. Um sich selbst mit ruhiger Hand, tiefer liegende Unreinheiten fachgerecht und unblutig rauszuholen, da müssten Sie schon sehr geübt sein. Tonisierung der Haut ist der nächste wichtige Schritt und wird gerne als dritte Reinigung bezeichnet.

Intensive Massage

Hier beginnt der schöne und entspannende Teil, die intensive Hautrevitalisierungs-Massage. Dabei wird nicht einfach nur oberflächlich die Haut bewegt, sondern der Beauty Wellness-Spezialist geht so tief wie nur möglich ins Gewebe hinein. Wir regen dadurch auf natürliche Art die Eigenmotorik wieder an – wie schön die Haut danach aussieht. So richtig durchblutet und gekräftigt, erstrahlt der Teint gesund und rosig. Danach erfolgen notwendige Packungen, Masken oder Liftings. Den krönenden Abschluss bildet immer die Tagespflege.

Akne und Pusteln

Die Steigerung davon sind die dicken und fetten Unreinheiten. Im schlimmen Stadium ist die Haut permanent entzündet. Das Endstadium bedeutet Narben. Wie heißt es so schön in der Fachsprache? Wenn die Natur verrückt spielt und die falsche Pflege eingesetzt wird, war es das oft. Hier werden ganz klar die unterschiedlichsten Stadien betrachtet. Von der Jugend- bis zur Altersakne gibt es die tollsten Formen. Vieles ließe sich wesentlich besser bewältigen und so manche Narbenbildung durch eine fachgerechte Pflege zu Hause und beim Profi vermeiden.

Falten

Falten gehören zum Leben. Das ist weiter nicht schlimm. Die Frage ist nur, von was für Falten wir sprechen? Da gibt es die netten Lachfalten, aber auch verbissene und verbiesterte Falten, Zornesfalten und natürlich die Altersfalten. Wenn schon Falten, dann bitte gepflegte. Das ist der große Unterschied. Gepflegte Falten sehen einfach besser aus. Doch das sind sie meistens nicht. Die Mehrheit der Menschen meint nach wie vor, dass Wasser, Seife und ab und an eine Creme völlig ausreichen.

Die Hautfarbe
Soll es eher ein dunkler oder ein ganz heller Typ sein? Ihr Gefühl und Ihr Wunsch sind hier entscheidend. Die Welt ist groß und es gibt unzählige unterschiedliche Hauttypen. An Ihnen liegt es, die für Sie richtige Entscheidung zu fällen.

Die Nase
Groß oder klein, dick oder dünn? Feingliedrig oder knollig? Ihnen muss sie gefallen. Sie müssen Ihren nächsten Mann gern anschauen und sagen können, was Sie genau an ihm mögen. Je weniger Dinge es gibt, die Ihnen nicht gefallen, desto besser. Beschreiten Sie stets den Königsweg und lassen Sie die Kompromisse sein.

Die Ohren
Kleine, unscheinbare oder riesengroße? Vielleicht abstehende oder eng anliegende? Behaarte oder nackte? Mit oder ohne Ohrenschmalz? Vielleicht denken Sie jetzt, das geht zu weit. Sie glauben gar nicht, wie viele Menschen die Ohren nicht putzen.

Haare im Gesicht
Ein Schnauzer ist doch etwas Schönes, oder? Macht Spaß beim Küssen, die Haare dazwischen zu haben, das hat ein gewisses Feeling. Vielleicht sogar ein Vollbart, wie schön ist es, ihn zu kraulen? Oder mögen Sie solche Dinge gar nicht?

Die Zähne

Was soll Ihnen aus dem Gesicht zulachen? Ein strahlend weißes Gebiss oder lauter Lücken? Vielleicht sogar schwarze Zähne? Eigene Zähne oder lieber Ersatzteile? Perfekte dritte Zähne oder unpassende? Worauf stehen Sie?

Gepflegte Zähne

Das ist eigentlich der Mindeststandard, und wissen Sie was? Es gibt gigantische Unterschiede. Menschen, die pflegen ihre Zähne nach jeder Mahlzeit und andere putzen sie maximal abends. Meistens kommt das noch aus der Kindheit, als die Mama dastand, wir nicht wollten und doch die Zähne putzen mussten. So haben viele Erwachsene ihre negativen Assoziationen und stehen bis zum jüngsten Tag auf Kriegsfuß mit der Zahnhygiene.

Mundhygiene allgemein

Saubere Zähne, mit der Zahnbürste geputzt, ist die eine Sache. Ein wenig Zahnseide, um die Essensreste zu entfernen, ist auch nicht schlecht. Denn diese fangen einfach an, sich zu zersetzen und dann riecht es entsprechend. Nach dem Reinigungs-Prozedere noch ein wenig mit einem natürlichen Mundwasser gurgeln und schon riecht es besser.

Das Rauchen

Einen Aschenbecher zu küssen, ist für viele nicht ganz so schön. Es riecht einfach komisch. Die Liebe muss schon enorm groß sein, um sich beim Küssen mit diesem besonderen Geschmack auseinanderzusetzen. Wenn Sie natürlich selbst Raucher sind, mag es passen. Wenn nicht, kann und wird es nach einiger Zeit ganz schön stören. Berücksichtigen Sie es lieber gleich im Vorfeld.

Alkoholtrinker

Ein ganz cooles Gemisch. Haben Sie schon einmal abgestandenen Alkohol geküsst? Hat was, oder? Checken Sie lieber vorher die Trinkgewohnheiten. Denn jeden Abend einen Alkoholmund zu küssen, ist nicht unbedingt antörnend. Vielleicht sind Sie auch leidenschaftliche Alkoholtrinkerin, dann ist es natürlich schön, jemanden zu haben, mit dem man sich dem Trinken hingeben kann. Vielleicht denken Sie jetzt: Ich trinke doch nur zum Abendessen ein Glas Wein. Nun, auch das riecht nicht gerade lecker für einen Nichtalkoholiker.

Die Haare

Was möchten Sie, einen Partner mit vollen, kurzen oder längeren Haaren? Oder eher mit wenig Haaren oder gar keinen? Fragen über Fragen, die alle wichtig sind.

Kurze Haare

Die meisten Männer tragen kurze Haare und finden es absolut cool, aus was für einem Grund auch immer. Wie finden Sie Männer mit kurzen Haaren? Bei der Beantwortung überprüfen Sie, ob das Ihre tatsächliche Meinung ist. Oder ob nicht ein Hauch Ihrer Mutter dahinter steckt, denn die Generation vor uns fand lange Männerhaare unmöglich.

Lange Haare

Außerhalb der Norm sind Männer mit langen Haaren. Sie passen sich nicht an. Lieben Sie solche Männer? „Ich finde es wunderschön, könnte es mir aber nicht bei meinem eigenen Mann vorstellen!" Dies war unlängst die Aussage einer jungen Frau. Wenn ich mir etwas nicht vorstellen kann, dann muss ich es lassen. Das ist doch kein Problem.

Glatzen

Wie schaut es damit aus? Es gibt sehr interessante Typen ohne Haare. Sei es, dass sie ausgefallen sind oder einfach nur abrasiert werden. Vielleicht mögen Sie Männer, die ihre Haare von hinten nach vorne über die Glatze kämmen. Es ist doch egal, solange es Ihnen Spaß und Freude bereitet.

Normen und Rollen

Leider unterliegen die meisten Menschen einer vorgefassten Meinung, die man ihnen irgendwann beigebracht hat. Tief im Herzen wünschten sie sich etwas anderes. Sie kommen jedoch nicht über die Phase des Wunsches hinaus, so engmaschig sind die Normen, nach denen sie sich richten. Lassen Sie diese Dinge weit hinter sich. Leben Sie endlich ein freies und vor allem selbstbestimmtes Leben. Es lohnt sich jeden Tag aufs Neue.

Die Augen

In seine Augen sollten Sie sich verlieren und verlieben können. Wie sollen sie sein? Von was für Augen träumen Sie? Denken Sie daran, die Augen sind die direkte Verbindung zur Seele. Was gibt es Schöneres, als seinem Schatz ganz tief in die Augen zu schauen und dabei sich wohl zu fühlen?

Die Augenfarbe

Da gibt es Augen mit so viel Ausstrahlung, einer großen Leuchtkraft, das ist der pure Wahnsinn. Mit einer intensiven Farbe leuchten sie uns an. Dann gibt es Augen, die schauen ganz traurig, andere sind stumpf, dass schon fast kein Leben mehr drin steckt. Wiederum andere schauen ganz eiskalt, dass es einem fröstelt.

Die Augengröße

Es gibt ganz kleine Äuglein und riesengroße. Augen, die noch richtig staunend ins Leben schauen, sich einfach an allem freuen, vergleichbar mit großen Kinderaugen.

Der Kopf

Wie soll er sein: Groß, sehr groß oder eher klein? Köpfe und Kopfformen gibt es in allen erdenklichen Variationen. Streicheln Sie lieber über ein kleines Köpfchen oder bevorzugen Sie eine ausgeprägte Kopfform? Wonach ist Ihnen? Was baut Sie jeden Tag auf? Was könnte Sie abtörnen?

Hygiene und Pflege

Das ist ein sehr großes Stiefkind, auch in unserem so genannten zivilisierten Land. In unserer täglichen Praxis erleben wir so manches. Wir dachten immer, das wären wohl Ausnahmeerscheinungen, doch nach Gesprächen mit so manchem befreundeten Arzt waren wir nicht mehr so erstaunt.

Hygiene ist die Ausnahme

Jeden Tag duschen heißt noch nicht, dass man absolut sauber ist. Komisch oder? Haben Sie sich auch schon gefragt, wieso es Länder gibt, die auf der Toilette ein Bidet oder ein kleines Schläuchlein haben? Natürlich um sich den After nach dem Stuhlgang zu waschen. Und was machen wir? Wir zerreiben den Restkot mit Toilettenpapier. Na dann, guten Appetit. Oder meinen Sie, das ist hygienisch? Ganz bestimmt nicht. Clevere Leute, die hierfür ein Empfinden haben, benutzen unterwegs wenigstens ein Feuchtigkeitstüchlein.

Einstellung zur Hygiene

Es gibt die ganz Peniblen, da werden Sie buchstäblich vor der Liebe von Kopf bis Fuß desinfiziert, damit ja alles stimmt und sich keine Krankheitskeime oder Erreger mehr auf Ihnen oder in Ihnen befinden. Andere wiederum lieben das Verschwitzte. Denen macht das überhaupt nichts aus. Sie machen mit Ihnen auch Liebe, wenn Sie Ihre Tage haben. Alles eine Frage des Geschmackes.

Die inneren Werte sind doch wichtiger!

Wie sagte eine ältere Dame: „Das ist alles gut und schön, was Sie da erzählen. Aber es kommt nur auf die inneren Werte an. Was nützt das Äußere, wenn alles andere nicht stimmt?" Da hat sie natürlich völlig Recht. Nur was nützen die inneren Werte, wenn Sie keinen Spaß am Äußeren haben? Wie viele Menschen laufen herum und haben einen anderen Partner im Kopf, den Traumpartner. Glauben Sie mir, das macht auf Dauer krank.

Außen und Innen

Das Innere und das Äußere sollten gleichermaßen stimmen. Wenn Sie Ihren neuen Partner sehen, muss Ihr Herz höher schlagen. Sie müssen sich dabei wohl fühlen. Eine buchstäbliche Augenweide muss er für Sie sein. Sie kennen sicherlich die schöne Aussage: Das Auge isst mit.

Wieso sollten Sie unter diesen Maßstab gehen? Wer verpflichtet Sie dazu? Vergessen Sie einfach die vielen Sprüche, ziehen Sie Ihr eigenes Ding durch. Das Ganze, ohne dabei nach rechts oder links zu schauen. Es ist Ihr Leben und daraus machen Sie eine Meisterleistung. Mit dem Mittelmaß begnügen Sie sich nie mehr.

Machen Sie es wahr

Sie müssen sagen können: „Ich bin so glücklich, ich habe genau den passenden Partner gefunden. Er ist für mich bildhübsch, gefällt mir so gut und wir verstehen uns prima. Ein absoluter Traum." Meinen Sie nicht, dass Sie sich das schuldig sind?

Der Beruf

Auch hier hört man: „Der spielt doch keine Rolle, Hauptsache er ist lieb!" Das ist leider viel zu oberflächlich und entspricht nicht der Wahrheit, denn das tägliche Arbeitsumfeld prägt den Menschen sehr. Allein vom Umgangston ist es ein Unterschied, ob ich auf dem Bau oder bei einer Bank arbeite. Beide Männer gehen ihrem Beruf nach. Nur die Umgangsformen sind sehr unterschiedlich. Genau das müssen Sie für sich herausfinden. Siehe hierzu auch der Werdegang und die vielen Beeinflussungen.

Wo stimmt Ihr Gefühl

Was liegt Ihnen mehr? Wo fühlen Sie sich hingezogen? Möchten Sie gerne einen Unternehmer oder lieber einen Angestellten? Bedenken Sie, zwischen diesen „Typen" liegen Welten. Werden Sie damit zurecht kommen? Wird das Ihre Welt sein? Können Sie sich vorstellen, mit diesem Mann viele Jahre zu verbringen?

Ein Unternehmer

Lieber ein Kleinunternehmer, der alles alleine macht? Oder einen mit einigen Angestellten, oder doch lieber einen Großunternehmer mit vielen Mitarbeitern? Das sind große Unterschiede. Ein Unternehmer denkt, fühlt und handelt anders als ein Arbeitnehmer. Er hat in der Regel mehr Geld und damit einen anderen Spielraum. Dafür trägt er oft auch wesentlich mehr Verantwortung und ist folglich engagierter. Das heißt in letzter Konsequenz, er wird weniger Zeit für Sie haben.

Ein Angestellter

Was für einer soll es sein? Ein Mann in einer einfachen Position oder lieber einen Manager mit Führungsaufgaben? Soll er in einer kleinen Firma oder lieber in einem Weltkonzern arbeiten? Noch können Sie es völlig frei entscheiden. Wie sollte sein Tätigkeitsfeld aussehen? Dieses wird ihn über den Beruf hinaus in den Feierabend und das Wochenende hinein beschäftigen. Es hat ihn geprägt und es wird zwangsläufig auch Sie beeinflussen.

Ein Arbeiter

Mögen Sie lieber einen Arbeiter? Einen reinen Befehlsempfänger, in einer oft sehr frustreichen Position? Viele fühlen sich schlecht bezahlt und arbeiten viel zu viel. Können Sie damit umgehen? Ist es das, was Sie wirklich wollen? Jede Arbeit prägt den Menschen weit über das oft angenommene Maß hinaus.

Jede Medaille hat zwei Seiten

Ein kleiner Angestellter oder Arbeiter hat in der Regel pünktlich Feierabend und der Urlaub ist garantiert. Dafür hat er viel weniger Geld als ein Top-Unternehmer oder Manager. Diese sind viel öfter unterwegs, wesentlich gestresster. Wenn sie abends nach Hause kommen, haben sie keine Lust mehr, sich noch irgendwo im Haushalt oder bei der Kindererziehung zu engagieren. Es bleibt an Ihnen hängen. Oder Sie machen es gleich so, dass viele Bedienstete da sind. Der Vorteil ist in diesem Fall natürlich, dass man über Geld nicht groß reden muss. Der Angestellte und Arbeiter hat je nach Position viel Frust, weil oft die Einstellung nicht stimmt. Da ist schnell mal die Firma eine große Sch..., und der Chef sowieso. Möchten Sie solche Dinge immer und immer wieder hören? Hetztiraden, die sowieso nichts bringen?

Der Beruf prägt
Der Beruf prägt jeden Menschen stark, verbringt er doch einen großen Teil seiner Lebenszeit damit. Da kommt es schon sehr darauf an, was dort für eine Gesinnung herrscht, für ein Umgang untereinander und mit den Kunden. Es färbt ab, ob man will oder nicht. Man steht im Bann des Geschehens.

Das Berufsmilieu
Das Berufsmilieu ist von größter Bedeutung. Was wird da den ganzen Tag gedacht, gesprochen und gearbeitet? Wenn Sie nicht ganz sicher sind, dann überprüfen Sie es einfach. Besuchen Sie die einzelnen Berufsgruppen. Stellen Sie Kontakte her, fühlen Sie sich rein und schauen Sie nach, ob in Ihnen etwas zum Klingen gebracht wird oder nicht. Es geht hier um Ihre Zukunft und diese sollten Sie richtig planen. Davon hängt einmal mehr alles ab. Wenn Sie ein gutes Gefühl haben, dann sind Sie der Sache schon wesentlich näher. Wenn nicht, dann sollten Sie schleunigst auf Ihren Bauch hören, denn Ihr Bauchgefühl trügt Sie nie.

Besuch aus der Firma
Stellen Sie sich vor, Ihr Mann bringt abends Besuch aus der Firma mit nach Hause. Sie müssen ihn auf Geschäftsessen begleiten, weil es sich so in der Firma gehört. Sie fühlen sich dabei total unwohl. Das kommt bei allen Beteiligten nicht gut an. Da können Sie sich noch so anstrengen oder verbiegen.

Beispiel Margrit
Ich denke beispielsweise an Margrit, sie kommt aus einer Kleinstadt und hatte sich in einen Arbeiter verliebt, der zwanzig Jahre älter war als sie. Am Anfang war es ganz lustig, nur heute, im fortgeschrittenen Alter, ist der gute Mann ein Greis, und sie klagt: „Er kann mir nichts bieten, er konnte mir noch nie etwas bieten! Ich hätte so gerne tolle Kleider, schöne Reisen, Schmuck, ein anderes Leben gehabt. Jetzt ist er schon so alt. Wir unternehmen fast nichts mehr."

Sehnsüchte und Wünsche

Im Grunde genommen ein trauriges Leben, voll unerfüllter Sehnsüchte und Wünsche. Leider geht es nicht auf. Auf die Frage, wohin das Leben noch führen soll, kommt die Antwort: „Die paar Jahre werde ich noch rumkriegen. Eine Trennung kann ich ihm nicht antun. Ich hoffe, dass eines Tages noch ein Reicher kommt und mich nimmt." So wartet sie seit vielen Jahren. Sie lässt ihr Leben buchstäblich an sich vorbeiziehen und wartet auf den großen Moment der Befreiung. Mittlerweile ist sie selbst schon siebzig Jahre alt und merkt gar nicht, dass die Zeit läuft und läuft. Irgendwann ist sie dann abgelaufen. Denken Sie einfach mal über diese Geschichte nach. Kennen Sie nicht auch solche Leute? Möchten Sie so enden?

Es wird schon werden

Was ist das Tragische an diesem Beispiel? Es ist wie in vielen Ehen. Man hat etwas in jungen Jahren getan und war sich über die Tragweite nicht bewusst, nach dem Motto: „Es wird schon alles werden!" Das stimmt ja auch, man wird alt werden und eines Tages sterben. Sie träumt von einem großen und reichen Leben und hat sich einen Arbeiter ausgesucht. Das ist ja nicht schlimm, nur dann muss sie sich bewusst sein, wo das hinführt und wie viel Geld jeden Monat in der Haushaltskasse ist. Sie hat es satt, immer nur sparen zu müssen. Seit der Rente ist es natürlich noch weniger. Das heißt, ein Leben lang knausern. Das muss ich mir vorher überlegen oder entsprechend handeln. Aber ganz bestimmt nicht Jammern und vor lauter unerfüllten Träumen und Sehnsüchten fast sterben.

Der Mann verdient zu wenig

Der Mann verdient zu wenig, also habe ich zwei Möglichkeiten. Ich muss ihn fördern und unterstützen, dass er sich weiterbildet, die Karriereleiter aufsteigt oder sich selbständig macht. Das ist der eine Weg. Nur ist nicht jeder zum Unternehmer geboren und bereit, all die Unwägbarkeiten auf sich zu nehmen. Die andere Möglichkeit ist, ich gebe als Frau Gas und mache selbst Karriere. Das ist sicherlich sinnvoller, als ewig zu jammern, allerdings auch anstrengender. Aber nichts tun und in den eigenen Sehnsüchten fast umkommen, ist noch viel brutaler. Ein unerfülltes Leben zu leben, ist die größte Strafe.

Sie machen sich Gedanken

Darum finde ich es klasse, dass Sie sich nun Gedanken machen. Es lohnt sich, wird Sie bereichern und Sie werden vor allem viel Spaß haben. Auch wenn Sie im Moment sicherlich ab und an Achterbahn fahren, und Ihre Gefühle mit Ihnen durchgehen.

Das liebe Geld

Es geht um den Spruch: „Geld ist nicht alles!" Nur ohne Geld ist alles nichts. Das ist das große Hauptproblem. Wenn Sie keines oder zu wenig haben, sind Sie nur noch von dem Gedanken beseelt: Wie komme ich an Geld? Wie soll ich die nächste Rechnung bezahlen?

Viele träumen davon

Wie viele Frauen träumen vom großen Geld, immer und immer wieder? Wie viele möchten sich so viel leisten, doch es geht einfach nicht? Sie träumen von einem Mann mit viel Geld und lassen sich mit anderen ein, die nicht dieser Wunschvorstellung entsprechen. Oft hört man, es wird schon noch der Richtige kommen, nur wenn Sie schon liiert sind, funktioniert das nicht mehr so einfach. Das Ende vom Lied: Das Klagen geht weiter!

Der Märchenprinz

Wenn ich von einem Märchenprinzen träume, der mir alle Wünsche erfüllen kann, muss ich mich auf den Weg machen, genau den zu suchen. Dann muss mein ganzes Leben, mein ganzes Streben darauf ausgerichtet sein. Völlig von dem Gedanken beseelt, alles andere muss gelöscht werden. Ich darf mich nicht mehr anderweitig orientieren, es heißt nur noch: Scheuklappen aufsetzen und los geht es! So lange bis es klappt.

Reich oder arm
Es gilt ganz klar zu überlegen: Was für einen Partner hätte ich gerne? Wie viel Geld sollte er haben? Da kommt immer wieder der fatale Ausspruch: „So viel, dass es halt reicht." Überlegen Sie einmal, was das genau heißt: So viel, dass es halt reicht. Lassen Sie es auf der Zunge zergehen. Merken Sie etwas? Wie viel Geld wird da sein? Genauso viel, dass es eben reicht. Nur, das wollen Sie doch nicht mehr. Nennen Sie eine klare Summe! Sicherlich hört sich das jetzt wieder komisch an, nach dem Motto: Das weiß ich nicht! Wann wollen Sie es wissen? Wenn Sie wieder mal Zeit und Kraft in den Falschen investiert haben?

Verlassen Sie das Alte
Das ist genau die Schiene, die es unbedingt zu verlassen gilt. Sie führt immer nur dahin, wo Sie schon waren. Wenn man möchte, dass sich Dinge ändern, muss man die Dinge auch entsprechend anders angehen. Nur dann hat man eine Chance, dass es anders wird. Vergleichen Sie es mit dem Bauern, der unbedingt Weizen ernten möchte. Das ist schon lange sein großer Traum und jedes Mal, wenn es an die Aussaat geht, sät er wieder Roggen, weil er es immer schon so gemacht hat. Das ist mehr als absurd, immer und immer wieder die gleichen Fehler zu begehen und dann ganz erstaunt zu sein, dass sich nichts ändert. Aussaat und Ernte korrespondieren immer miteinander.

Überprüfung, Überprüfung
Überprüfen Sie alles ganz genau. Sie werden es in vielen Situationen Ihres Lebens immer und immer wieder so vorfinden. Die Muster laufen nahezu identisch ab. Das Unterbewusstsein wird es genauso immer wieder machen. Das Resultat: Es bleibt das ganze Leben gleich. Durchbrechen Sie diese Muster, gehen Sie neue Wege. Sie haben doch schon damit angefangen. Glauben Sie fest daran und handeln Sie. Seien Sie konsequent in der Umsetzung und lassen Sie sich nie mehr von anderen beirren.

Zu wenig Geld
Zu wenig Geld haben, ist nicht schön. Das hat nichts mit Glück oder

Unglück zu tun. Wenn Sie mehr Geld für Ihr Leben benötigen, haben Sie nur zwei Möglichkeiten. Sie geben entweder selbst Vollgas, arbeiten die nächsten zehn Jahre intensiv oder Sie suchen sich einen entsprechenden Partner. Die dritte Variante, von der die ganze Nation immer und immer wieder träumt, lassen wir hier lieber außer Acht: Der Sechser im Lotto. Wenn wir die ersten zwei Varianten betrachten, dann bedeutet das die Verfolgung einer klaren Strategie. Sie müssen genau wissen, was Sie wollen. Dann erfolgt die Planung, die Handlung und mit Kontrolle und Durchhaltevermögen werden Sie Ihr Ziel erreichen.

Zauberwort Durchhaltevermögen

Wichtig ist bei beiden Varianten, dass Sie ein sehr großes Durchhaltevermögen zeigen. Die Erfüllung über Nacht ist nach wie vor ein Traum. Das Interessante ist jedoch, ob Sie es tun oder nicht, Ihre Lebenszeit läuft weiter. Aus diesem Grunde ist es wesentlich besser, sich gleich auf den richtigen Weg zu machen. Dann haben Sie zwischendurch viel Flow, das heißt Sie sind glücklich, voller Energie und Tatendrang, was gibt es Schöneres?

Traum vom Lottogewinn

Lotto spielen können Sie zusätzlich. Sollte es passen, wunderbar. Wenn nicht, dann sind Sie wenigstens auch den anderen Weg gegangen und haben ebenso Erfolg. Wie heißt es so schön? Es ist wahrscheinlicher vom Blitz erschlagen zu werden, als einen Sechser im Lotto. Über eines sind wir uns im Klaren: Mit Geld in der Tasche lässt es sich ganz anders leben.

Über die Runden kommen

Wie sagte neulich eine 40jährige Frau? „Wir kommen einfach nicht richtig über die Runden. Mein Mann schafft, ich schaffe, aber mit den Kindern bleibt nichts übrig. Wir müssen immer knausern. Das ist ein furchtbarer Zustand. Hätte ich mir nur damals einen anderen Mann gesucht." Kennen Sie das? Hätte, hätte und nochmals hätte. Wenn Sie einen Weg gegangen sind, dann sind Sie jetzt irgendwo mittendrin. Nun gilt es, wenn Sie unzufrieden sind, Bilanz zu ziehen. Noch ist es nicht zu spät. Solange

Sie leben, können Sie alles ändern. Es sei denn, Sie glauben selbst, dass es nicht mehr geht.

Mehrere Wege

Es gibt keinen Weg, auf dem man nicht immer wieder an neue Weggabelungen kommt. In jeder Lebenssituation ist die Möglichkeit einer Veränderung angelegt. Man muss sie nur mutig wahrnehmen, anstatt ein Leben lang zu jammern: Hätte ich, hätte ich doch nur! Man ist gefordert, muss eine Entscheidung fällen, sonst tritt man auf der Stelle. Dieses Phänomen kennen Sie bestimmt. Sie wissen nicht so genau, was Sie wollen. Es geht weder vorwärts noch rückwärts. Sie treten förmlich auf der Stelle. Das kostet viel Energie und bringt rein gar nichts. Aus diesem Grunde ist es wichtig, den eigenen Weg zu kennen. Genau zu wissen, was man will und was nicht. Alles was passt wird durchgezogen und was nicht passt wird weggelassen.

Die Jahre vergehen

Wenn man dabei nicht aufpasst, vergehen wiederum die nächsten zehn Jahre. Nun kann man wieder sagen: „Hätte ich doch damals nur vor zehn Jahren …!" Und wissen Sie, was passieren wird? Es werden wiederum die nächsten zehn Jahre vergehen. Das Spiel geht so weiter bis an Ihr Lebensende. Sie blicken zurück und können sich fragen, wo sind denn die letzten zehn Jahre geblieben? Was wollte ich nicht alles getan haben? Je weiter das Alter fortschreitet, desto enger wird es.

Reiche Witwe

Eine weitere tragische, aber letztlich amüsante Episode ist die Folgende: Die Freundin von einer guten Kundin wurde Witwe. Wir bedauerten das sehr, zumal wir die Frau kannten. Ihr Mann hatte sich umgebracht. Wie sagte unsere Kundin so schön? „Natürlich ist es sehr tragisch und schrecklich, meine beste Freundin leidet sehr darunter. Nur mit Geld lässt es sich besser trauern." Wie wahr, fortan war die Witwe auf Reisen und besuchte viele Freunde. Was macht jemand mit einer minimalen Witwenrente? Nicht sehr viel, es bleiben die Erinnerungen und der Schmerz. Letztlich kann man es sich nicht einmal leisten wegzufahren, um auf andere Gedanken zu kommen. Oft entstehen durch die Beerdigung noch Schulden. Das sind die traurigen Geschichten des Lebens. Wie soll es Ihnen einmal ergehen? Vielleicht empfinden Sie es im Moment als störend, dass Ihnen so eine Frage gestellt wird. Oder sogar als geschmacklos?

Das Ende wird verdrängt
Genau das ist eines der größten Probleme in unseren Breitengraden, wir verdrängen den Tod gänzlich. Man lebt, als gäbe es ihn gar nicht. Dabei ist er mehr als existent. Schauen Sie sich in Ihrem Bekannten- und Verwandtenkreis um. Wie viele weilen schon nicht mehr unter uns? Sie wissen doch, das Leben hängt an einem seidenen Faden. Aus diesem Grunde ist es wesentlich klüger, sich schon zeitlebens darüber Gedanken zu machen und nicht erst dann, wenn es schon fast zu spät ist. Dazu gehört zum Beispiel auch eine Sterbeversicherung, die auf elegante Art und Weise die Kosten ganz übernimmt oder zumindest neutralisiert.

An Ihnen liegt es
Was denken Sie nun? Alles Blödsinn oder ist doch etwas Wahres dran? Sie werden es so oder so erleben. Eines Tages werden Sie zurückblicken und sagen: „Toll, dass ich es gepackt habe, das Buch hat mir sehr geholfen." Oder „Schade, ich hätte damals mehr von dem Buch umsetzen sollen. Ich hätte die Dinge anpacken sollen, jetzt bin ich zu alt, mir fehlt die Kraft. Schade, das war es dann wohl." Wir leben zum Glück in einem Land mit vielen Möglichkeiten. Dies gibt uns allen die große Chance, Tag für Tag die für uns passenden Entscheidungen zu treffen. Wir müssen es einfach nur tun und den Mut haben, zu uns selbst zu stehen und die Dinge anzupacken. Weg vom ewigen Verschieben hin zur Aktion.

Freunde

Zeig mir deine Freunde und ich sage dir, wer du bist. Das ist ein bekanntes Sprichwort. Die Umwelt prägt den Menschen, das lässt sich nicht verhindern. Sie beeinflusst uns wesentlich mehr, als die meisten ahnen. Aus diesem Grunde sollten Sie sich hierüber einige Gedanken machen. Wie sollten die Freunde Ihres neuen Partners sein? Wie oft hört man: „Seine Freunde gefallen mir gar nicht." Das kann über kurz oder lang zu einer Belastung werden. Wenn Sie ihn von seinen Freunden wegbringen möchten, wird ihm etwas fehlen. Sonst hätte er sich dieses Umfeld nicht selbst aufgebaut. Mit so mancher List und Tücke ist es schon vielen Frauen gelungen, hier einen tiefen Keil in bestehende Freundschaften zu treiben. Oft führt dies zur Trennung von alten Freunden. Doch wir sollten wissen, früher oder später kommt alles auf uns zurück. In erster Linie gilt es, jegliche Form von Belastung und Stress zu vermeiden. Noch einmal: Das Leben ist viel zu kurz.

Ich regle das

Noch fataler ist die Meinung, ich bekomme ihn schon noch weg von seinen Freunden. Das ist bereits der Anfang vom Ende. Natürlich schafft man das als Partner, nur ist das fair? Bringt das Glück? Bei all den vielen Partnerschaften, die wir bisher analysiert haben, ging so eine Vorgehensweise immer ins Auge. Über kurz oder lang rächt sich das. Vielleicht denken Sie jetzt: Das kann man ja ganz subtil machen. Natürlich geht das, man kann es in der Tat so geschickt machen, dass der andere es wirklich nicht bemerkt. So nach dem Motto: „Steter Tropfen höhlt den Stein!" Nur, wie heißt es so schön? Irgendwann merkt es auch der Dümmste! Aus dem Grund gibt es nur zwei Möglichkeiten: Entweder passt es mit seinen Freunden oder Sie lassen den Mann ziehen.

Frieden und Harmonie

Frieden und Harmonie für beide. Alles andere ist in der Tat handgestrickt. Sie kennen das doch, oder? Wie viele von Ihren Freundinnen haben schon gesagt: „Die Freunde meines Mannes, die kann ich nicht ausstehen!" Was haben Sie davon? Auch hier ist die klare Überlegung nötig, was für ein Leben wollen Sie? Vielleicht eines wie bisher, mit Kompromissen, nichts Ganzes und nichts Halbes oder wollen Sie aus Ihrem Leben ein Meisterwerk machen?

Geteilte Welt
Das beachten leider die wenigsten. Viele, und hier vor allem Frauen, gehen davon aus, dass eine gelebte Partnerschaft immer zu 100% zu erfolgen hat. Doch das geht nicht so. Jeder Mensch benötigt seinen privaten Bereich, seine Welt, die nur ihm ganz alleine gehört. Dann gibt es noch eine gemeinsame Welt, das ist die, in der man die Partnerschaft voll und ganz lebt. In die andere sollte der Partner nicht eintreten und versuchen, alles nach seinem Gutdünken aufzumischen.

Familie

„Die ist mir völlig egal!" Eine solche Einstellung ist nicht ungefährlich. In letzter Konsequenz wird immer die eigene Familie gewinnen. Wie sollte die Familie sein? Ihr neuer Partner trägt einige dieser Gene auch in sich. Natürlich mag er ganz anders sein, Grundstrukturen bleiben jedoch und können später ganz schön belasten. Wir wollen aber alles Belastende weglassen.

Prüfen Sie lieber vorher
Prüfen Sie intensiv, ob Sie mit seiner Familie klarkommen. Mögen Sie diese Menschen? Wie sieht es umgekehrt aus? Sind Sie vielleicht nur geduldet oder nimmt man Sie voll und ganz auf? Denken Sie daran, die beste Schwiegertochter wird es immer schwer haben im Vergleich zur Mutter. Sie wünscht sich eine Frau für ihren Sohn, wie sie selbst eine ist. Schließlich war sie die erste Frau in seinem Leben. Dazu kommt noch die fatale Einstellung, dass nur die Mutter genau weiß, was der Filius braucht. Durch so ein Raster fällt nahezu jede Frau. Da haben Sie fast keine Chance, außer Sie passen sich völlig an. Aber das kann ja wahrlich nicht im Sinne des Erfinders sein. Ihr Leben soll und muss sich schließlich ändern.

Räumliche Distanz
Als weiterer, wichtiger Punkt kommt die räumliche Distanz zum Tragen. Wie viele Frauen sind schon buchstäblich verzweifelt, weil die nette Familie oft im selben Haus wohnt. Da heiraten Sie gleich alle mit und Ihr Mann

wird sich hüten, gegen die Familienbande vorzugehen. So wird alles schön nach dem alten Muster verlaufen. Entweder Sie passen sich an oder man wird versuchen, Sie massiv auf Konformität zu trimmen.

Sie sind alle so nett
Wie oft heißt es: „Die sind ja alle so nett zu mir." Natürlich alle, und dabei sollte man bedenken, dies ist erst der Anfang, der Alltag hat noch nicht begonnen. Wie viele Frauen leiden darunter, dass die gesamte Familie permanent in der eigenen Wohnung ein- und ausgeht, frei nach dem Motto: Alles in unserem Haus gehört allen. Schwiegermama marschiert in die Küche, öffnet die Töpfe und riecht daran. Wie oft kommt dann die Aussage: „Du weißt doch, dass mein Sohn das und das nicht mag! Wieso kochst du das?"

Schnell sind Sie die Böse
Schon haben Sie böse Pfeile abgeschossen, sich erlaubt, Dinge anders zu machen, als die erste Frau in seinem Leben. Das ist fast der Gipfel der Unverschämtheit. Vielleicht halten Sie das Ganze für ein wenig übertrieben? Schauen Sie sich ruhig um, reden Sie mit anderen Menschen, die mit der ganzen Familie unter einem Dach wohnen.

Wohnen Sie weiter weg
Wohnen Sie weiter weg, werden Sie in den Genuss kommen, der Familie Besuche abzustatten. In der Regel werden Sie auch dort schlafen. Das mag ganz nett sein, wenn Sie sich aber der Hausordnung vor Ort unterwerfen müssen, ist es vielleicht nicht mehr ganz so lustig. Denken Sie daran, es gibt viele Anlässe: Geburtstage der Eltern, der Geschwister, der Großeltern, usw.

Permanente Besuche
Dann kommen Feiertage wie Weihnachten, Silvester, Ostern und Pfingsten. Sind ja bloß ein paar Tage, oder? Das können unter Umständen ganz schön lange Tage und Nächte werden. Wenn Sie da mit Ihrem Liebsten uneinig sind, wird ganz schnell die ganze Familie Druck ausüben und sich sofort

hinter den Ärmsten stellen. Ich kann Ihnen sagen, ein tolles Gefühl. Ich kenne es aus eigener Erfahrung. Das muss ich mir nie wieder antun.

Ihre Gegenbesuche

Die lieben Gegenbesuche. Mit Sicherheit wird man zu Ihnen kommen. Hoffentlich ist dann Ihr Domizil entsprechend aufgeräumt. Während Ihr Partner vielleicht zur Arbeit geht, werden die Lieben bei Ihnen sein, von früh bis spät. Hoffentlich kochen Sie so, wie es sich gehört. Desweiteren haben Sie sicherlich Ausflüge geplant, denn es gehört zum guten Ton, die Gegend mit ihren Besonderheiten den Gästen näher zu bringen. Vielleicht kommen Sie zusätzlich in den Genuss, dass Ihr sonst so netter Partner sich in Gegenwart seiner Familie anders verhält.

Selbstaktion

Vielleicht haben Sie sogar das Glück, dass Ihr Besuch sich in Ihrer Abwesenheit gleich einmal richtig ans Werk macht. Wie viele putzen, weil es aus deren Sicht nicht sauber genug ist oder stellen einfach Möbel um. Im schlimmsten Fall werden sogar Gegenstände fortgeworfen und dafür andere gekauft. Der Garten wird umgegraben, weil es „so viel hübscher ist." Familien kennen oft keine Grenzen. Nach der Devise: Wir gehören zusammen, wir sind die Eltern, also wissen wir auch, wie es zu gehen hat. Unter dieses Diktat haben Sie sich dann zu stellen.

Stress ohne Ende

Stress, Stress und noch mal Stress für Sie. Wenn Ihnen jedes Mal vor solchen Anlässen graut, dann haben Sie es tatsächlich wieder einmal gepackt. Überprüfen Sie lieber vorher klar, was Sache ist und ob Sie damit voll und ganz leben können. Wenn Sie erst wieder mitten drin sind, ist es schon fast zu spät.

Schuldzuweisungen

Das ist die nächste perfide Art. Wenn Sie nicht dankbar für die „geleistete Hilfe" sind, bläst oft der eigene Partner in das gleiche Horn wie die übermächtige Mutter: „Sie ist so lieb. Schau mal, was sie alles gemacht hat." Was werden Sie dann tun? Sich fügen? Das ist genau das, was Sie nie mehr tun sollten. Sie haben das Recht auf ein eigenständiges Leben. Oder wollen Sie lieber streiten? Auch dazu ist unser Leben viel zu kostbar.

Hobbys

Nebst dem Beruf und der Familie gibt es weitere Zeitfresser: Die Hobbys. Auch mit ihnen sollten Sie sich identifizieren können. Ich denke an Martha, die mit einem Jäger verheiratet war. Sie konnte das Ganze einfach nicht mehr ertragen. Als Vegetarierin war es ihr mehr als zuwider, dass ihr Mann immer wieder Tiere tötete. Mit was für einem Stolz er dann nach Hause kam und es nie verstehen konnte, dass seine Gattin angewidert war. Erst recht, als sie ihm helfen sollte, das Fleisch zu verarbeiten und für seine Freunde die frischen Innereien zuzubereiten. Am Anfang hat sie es mitgemacht, später jedoch total abgelehnt. Das führte so weit, dass sie die Hände ihres so geliebten Mannes nicht mehr ertragen konnte.

Der Alltag als Extremfall
Sicherlich werden Sie denken, das sei ein Extremfall. Davon gibt es aber jede Menge. Frauen, die es anödet auf dem Golfplatz herumzulaufen und Bälle zu schlagen. Fliegerfrauen, die Angst vor dem Fliegen haben und lieber warten, bis der Herr Gatte wieder landet. Frauen die keine Wohnmobile mögen oder Boote, weil ihnen immer schlecht wird. Ein Mann wollte immer in den Bergen wandern gehen. Seine Gattin liebte aber das süße Nichtstun am Swimmingpool oder Strand. Der Nächste liebte über alles sein Tennis, sie wollte aber lieber Tanzen gehen, was er wiederum hasste. Oder die Frau von einem Fußballfan. Sie mag kein Fußball, er ist absoluter Fan. Er ist häufiger auf dem Sportplatz als zu Hause.

Anpassung als feste Größe
Anpassung gehört in manchen Kreisen einfach dazu. Nehmen Sie beispielsweise die regelmäßigen Stammtische, zu denen man nie fehlen darf. Das eigene Wohnzimmer ins Clubheim zu verlagern, das ist normal. Auf alle Interventionen, dass Frau so oft alleine zu Hause herumsitzt, am

schlimmsten sind die Sonntage, kriegen Sie nur zu hören: „Da musst du halt mitkommen, andere Frauen sind auch dabei." Was machen Sie dann? Toll, als eine der wenigen Frauen unter lauter Fußballbegeisterten zu sitzen, das macht Spaß, oder?

Es wird sich nichts ändern

Die Aussicht, dass sich nie und nimmer etwas ändern wird, ist noch viel schöner. Das ganze Leben ist vorbestimmt, man weiß genau, wie es ablaufen wird. Sie gehen lieber ins Theater und Ihr Liebster mag das gar nicht. Was machen Sie jetzt? Entweder Sie verzichten ganz darauf, machen es alleine oder mit Freundinnen. Auch eine Möglichkeit. Vielleicht haben Sie ja wenigstens Glück, dass Ihr Partner dabei friedlich bleibt, sich nicht stressen lässt, weil er alleine bleiben muss.

Sie kennen das bestimmt

Ich bin mir ganz sicher, dass Sie so manche dieser Geschichten kennen, sei es aus eigener Erfahrung oder durch Bekannte und Verwandte. Schreiben Sie lieber Ihr eigenes Drehbuch für Ihr Leben.

Denken Sie lieber nach

Aus genau diesem Grunde sollten Sie sich vorher Gedanken machen, was Sie mögen und was nicht. Je sicherer Sie sich sind, umso glücklicher wird Ihr Leben verlaufen. Alles andere ist wiederum nur ein weiterer Krampf, und davon wollten Sie doch wegkommen. Oder ist alles schon wieder vergessen? Wenn Sie jetzt die Panik ergreifen sollte, bleiben Sie ganz ruhig. Sie werden es schaffen. Sie müssen einfach zuversichtlich sein. Denken Sie daran, Rom wurde auch nicht an einem Tag erbaut.

Einstellung zum Leben

Welche Einstellung zum Leben sollte Ihr nächster Partner haben? Eher eine positive oder lieber eine negative? Das wird sich über kurz oder lang sehr stark auf die Partnerschaft auswirken. Stellen Sie sich einmal vor, Sie sind ein absolut positiver Mensch. Sie sehen die Dinge mit einer gewissen Leichtigkeit. Ihr Partner hingegen regt sich über alles und jeden auf. Er schimpft viel, der Griesgram, der schon mies gelaunt aufsteht und es auch den ganzen Tag bleibt. Was glauben Sie wohl, wie Sie sich da fühlen? Na klar doch, nicht so gut. Oder Sie sind vielleicht selbst missmutig und möchten unbedingt einen Partner, der gut drauf ist und Sie motiviert?

Der Anfang
Am Anfang werden Sie sicherlich immer wieder versuchen ihn zu beschwichtigen. Mit der Zeit wird er Ihnen nur noch auf den Geist gehen. Dazwischen haben wir noch die Stufe, in der die meisten sagen: „Komm, lass ihn gehen." Nur irgendwann wird das vorbei sein, dann geht es einfach nicht mehr. Die Streitereien gehen los und das Ende der Geschichte kennen Sie bereits.

Als positiver Mensch
Wenn Sie ein eher positiver Mensch sind, dann sorgen Sie unbedingt dafür, dass Sie auch so einen Partner bekommen. Sie kennen es, wir brauchen schon viel Kraft und Energie, um uns draußen im Leben durchzusetzen. Wenn Sie für Ihre Partnerschaft so viel Energie benötigen, ist das sehr unschön und langfristig ungesund.

Die Missverhältnisse
Missverhältnisse führen über kurz oder lang zu einer Schieflage, dass irgendwann alles ins Wanken gerät. Siehe die unzähligen psychosomatischen Störungen und Krankheiten. Genau da wollen Sie doch nicht hin. Hier müssen Sie aufpassen. Das Ganze läuft auf einer subtilen Ebene ab, schleichend und kaum spürbar. Eines Tages ist es soweit, sie stehen da und können es nicht fassen, dass es so weit kommen musste. Da wieder herauszukommen ist sehr schwierig.

Negativität färbt ab
Negativität färbt immer ab. Vergleichen Sie es mit einem großen Gefäß. Darin haben Sie klares Quellwasser. Dann kommt ein negativer Gedanke hinzu, wie ein Tropfen Tinte, und schon wird das Wasser trüb. Eine zig-

fach größere Menge klarstes Wasser und ein einziger Tropfen reicht, um es zu verschmutzen.

Hüten Sie sich davor

Hüten Sie sich davor, außer Sie sind selbst ein negativer Mensch, dann ist es nicht so tragisch. Wenn man sich umschaut, hat man manchmal fast das Gefühl, dass es gar keine anderen Menschen mehr gibt. Sie schalten das Fernsehen an, öffnen die Zeitung, hören Radio, sprechen mit Leuten und um was dreht es sich fast immer? Alles ist so teuer geworden und schlecht. Und viele weitere negative Aussagen. Wo das wohl noch hinführen wird?

Man muss auch mal zufrieden sein

Vielleicht erinnern Sie sich noch an diesen geistreichen Satz Ihrer Eltern: „Man muss auch mal zufrieden sein!" Super, durch so eine Einstellung wurde noch nie etwas Großes geboren. Dadurch ist man für immer und ewig an das Kleine gebunden. Das kann wirklich nicht Ihr Ernst sein. Solange es andere Möglichkeiten und Alternativen gibt, gilt nach wie vor die Aussage: „Das Bessere ist der Feind des Guten!" Danach sollten Sie leben und handeln. Mittelmäßigkeit war schon immer übel.

Wünsche

Solange Sie Wünsche haben, sind Sie noch am Leben, das ist gut so. In dem Moment, in dem Ihre Wünsche nicht mehr vorhanden sind, wird es problematisch. Dann sind Sie abgestumpft. Das hat auch nichts mit der oft zitierten Vernunft zu tun. Keinen Antrieb und keine Power mehr. Einfach nur noch Leben, das gelebt wird. Schade, denn dafür haben Sie Ihr Leben nicht geschenkt bekommen.

Sehnsüchte

Sich sehnen, sind klare Süchte. Sehnsüchte sind für sehr viele ein Antrieb. Sie bringen uns in Bewegung und lassen uns Dinge tun. Je stärker diese Kraft vorhanden ist, umso mehr Bewegung entsteht. In diesem Zusammenhang spielt auch das Vertrauen zu sich selbst eine große Rolle. Ansonsten kippen die Sehnsüchte in Gewalt um, die das Gegenteil bewirkt. Sie werden zerstörerisch. Süchte kennen wir ja alle mehr als genug.

Hoffnungen

Hoffnung ist sehr gut. Wichtiger dabei ist jedoch das Handeln, immer wieder handeln, ohne nach rechts und links zu schauen. Die meisten Menschen leben in einer permanenten Hoffnung, dass sich etwas ändert. Sie im Lotto gewinnen, gesund werden und vieles mehr. Hoffnung gehört in die gleiche Schublade wie Enttäuschungen. Durch Hoffnungen gerät man in die Spirale der Enttäuschungen hinein. Denn hoffen, ohne zu handeln, führt zu nichts. Wünsche und Sehnsüchte benötigen klare Entscheidungen und entsprechendes Handeln.

Infiltration

Die ewige und permanente Infiltration der anderen ist eines der schwierigsten Kapitel des menschlichen Daseins. Mit anderen Worten: Beeinflussung ist eine der stärksten, menschlichen Eigenschaften. Immer wieder versuchen Menschen, andere in ihrem eigenen Interesse zu beeinflussen. Dies gilt vor allem für die eigene Familie. Eine positive Beeinflussung ist natürlich zu jeder Zeit gut. Aber eine Beeinflussung, die vernichtend wirkt und nur aus eigennützigen Zwecken geschieht – nein. Hier sind Sie gefordert, klar und deutlich Einhalt zu gebieten. Das dürfen Sie nicht mehr zulassen. Auch wenn nun wieder mit Liebesentzug gedroht wird.

Ihr Leben

Sie haben nur dieses eine. Wieso sollten Sie mit dem Gegebenen zufrieden sein? Warum sich mit dem Mittelmaß abgeben, wenn es andere, größere und bessere Dinge gibt? Das wäre doch mehr als töricht, um nicht zu sagen dumm. Stellen Sie sich vor: Sie stehen vor einem großen Buffet mit traumhaften Speisen und begnügen sich mit Kartoffelsalat. Weil man Ihnen beigebracht hat, dass Kartoffelsalat so gut und gesund ist. Sie beschneiden und bestrafen sich dabei nur selbst.

Ihre Stärke
Solange Sie träumen, haben Sie auch die Kraft, die Dinge anzugehen. Nur darauf kommt es an. Handeln zum eigenen Wohle, damit Sie glücklich sind und das in die Welt hinaustragen können. Packen Sie es an, es lohnt sich. Sie werden reich dafür belohnt, ein selbstbestimmtes Leben zu führen.

Sie haben es in der Hand

Sie haben es in der Hand. Sie können Ihr Leben jetzt und sofort planen und entsprechende Schritte einleiten. Sie müssen es nur tun, von alleine wird sich nichts ändern. Sich nur auf das Zufallsprinzip zu verlassen, ist zu unsicher und gefährlich. Sie könnten irgendwo landen, nur nicht da, wo Sie eigentlich hin wollten.

Täglich und minütlich
Jederzeit können Sie eine alles entscheidende Position einnehmen – oder auch nicht. Das ist das Schönste und zugleich auch das Schwierigste für uns Menschen. Wir können zu jeder Zeit die Dinge ändern, nur tun wir es sehr oft nicht. Wir hindern uns selbst mit vielen „Ja, aber ...!"

Was will ich
Je klarer Sie wissen was Sie wollen, umso näher kommen Sie Ihrem Ziel. Je ungenauer, desto weiter weg bewegen Sie sich von sich selbst. Es gibt nur einen Weg, Sie müssen Ihre Hausaufgaben machen, sich hinsetzen und eines nach dem anderen durcharbeiten.

Hören Sie auf zu träumen, machen Sie es wahr

Überprüfen Sie, wie viele Menschen mit ihrem Partner nicht zufrieden sind. Wie oft hört man zum Beispiel: „Nun ich hätte lieber einen größeren Partner mit blauen Augen oder blonden Haaren.....!" Und vieles mehr. Verabschieden

Sie sich für immer von den Worten: „Ich hätte ja gerne!" Wenn Sie gerne hätten, dann handeln Sie, tun Sie es endlich.

Man kann so leben
Natürlich kann man so leben. Wenn wir schon die Chance haben, klar und deutlich unsere Wünsche zu spezifizieren, sollten wir es auch tun. Dann dürfen wir uns einfach nicht mehr mit Kompromissen abgeben.

Packen Sie es an
Tun Sie es, tun Sie es endlich ohne Wenn und Aber. Wenn Sie es nicht tun, hören Sie auf sich zu beklagen. Begraben Sie Ihre Träume für immer. Quälen Sie sich nicht mehr länger. Sie wissen doch, Sehnsüchte fressen auf und das sollten Sie nicht mehr länger zulassen.

Studieren Sie die nächsten Tage

Gehen Sie in medias res, wie die Römer zu sagen pflegten. In die eigene Mitte, hören Sie in sich hinein, ziehen Sie Bilanz in schriftlicher Form. Sie erinnern sich: Die Niederschrift ist wichtig für die Veränderungen.

Keine Hau-Ruck-Aktion
Es hat jetzt mit Sicherheit schon einige Zeit des Hoffens und Bangens gegeben. Sie werden Ihr Lebensprojekt natürlich nicht in einer Nacht- und Nebelaktion ändern. Arbeiten Sie jeden Tag an Ihrem neuen Leben. Immer wenn Ihnen etwas Neues einfällt, halten Sie es gleich schriftlich fest. So bekommen Sie ein klareres Bild Ihres neuen Lebens.

Alles braucht seine Zeit
Alles, aber wirklich alles benötigt seine Zeit. Sie haben doch nichts zu verlieren. Sie können nur gewinnen, wenn Sie Ihre Visionen in die Tat umsetzen. Die Ist-Situation kennen Sie zur Genüge. Nun heißt es, sich auf die zukünftige Soll-Situation vorzubereiten.

Geben Sie sich Zeit

Leider sind die meisten Menschen zu ungeduldig. Das ist schade, nur wenn man jeden Tag konsequent daran arbeitet, gibt es am Ende des Weges eine große Belohnung. Sie müssen dran bleiben, konsequent und permanent. Lassen Sie sich von niemandem beirren, gehen Sie stur Ihren Weg.

Belohnung am Ende

Am Ende des Weges wartet die Belohnung Ihrer Taten auf Sie. Sie werden das ernten, was Sie gesät haben. Welch ein wunderbares Gefühl.

Feintuning

Hier geht es um das Feintuning, damit wirklich alle Dinge perfekt aufeinander abgestimmt sind. Nichts ist schlimmer, als Sachen, die nicht zusammenpassen. Hier kommt unweigerlich wieder der alte Frust hoch. Genau den wollen wir ab sofort und für immer vermeiden.

Der ganze Mensch
Nun haben Sie sich Ihren neuen Traummann kreiert. Was empfinden Sie dabei? Gehören Sie auch zu denen, die sich jetzt noch nicht ganz schlüssig sind? Denen das alles noch ein wenig Unbehagen bereitet? Oder finden Sie es richtig toll? Das hat etwas mit Ihrer Grundeinstellung zu tun. Wie sind Sie aufgewachsen, welche Regeln galten da? Was hat man Ihnen beigebracht?

Mut zu neuen Dingen
Wenn Sie mutig neue Dinge tun, beschreiten Sie neue Wege. Was neu ist, braucht am Anfang ein wenig Zeit. Sie müssen sich daran gewöhnen, Vertrauen finden und sehen, dass es gar nicht so schlimm ist. Irgendwann wird es zur Normalität. Dann passt es einfach. Vorher muss man die einzelnen Schritte durchgehen. Die Aufgaben sind zu tun und so wird es innerhalb kurzer Zeit zu einem Teil von uns selbst. Sie kennen das aus vielen Bereichen Ihres Lebens.

Zuerst kompliziert
Am Anfang war alles relativ kompliziert und gewöhnungsbedürftig. Denken Sie nur an Ihre ersten Fahrstunden. Wie läuft das heute ab? Sie fahren einfach nur noch.

Routine
Mit der Zeit gewöhnen Sie sich so daran, dass diese Vorgehensweise zur

Routine wird. Sie müssen nicht mehr lange überlegen, es ist zu einem Teil von Ihnen geworden.

Darum prüfe, wer sich ewig bindet!

Das kennen Sie bestimmt, haben es schon öfter gehört. Nur wird es oft nicht umgesetzt, man lebt so drauflos. Wie sagte eine unserer Kundinnen so schön: „Auch ein blindes Huhn findet mal ein Korn!" So wird viel dem reinen Zufall überlassen. Kostbare Jahre Ihres Lebens vergehen. Denken Sie daran, das Leben ist viel zu kurz, um immer wieder die gleichen Fehler zu machen.

Klugheit siegt
Es ist viel klüger, sich darüber Gedanken zu machen, was man wirklich will und was nicht. Nur fällt es den meisten Menschen einfach viel zu schwer, sich hinzusetzen und alle Punkte aufzuschreiben. Buchstäblich alles, aber auch wirklich alles festzuhalten. Sie müssen sich an irgendetwas festhalten können.

Niederschrift, das A und O
Die wenigsten Menschen haben gelernt, sich hinzusetzen und die Dinge schwarz auf weiß auf Papier zu bringen. Da wird lieber rumgebastelt und in der eigenen nebulösen Gedankenwelt herumgestochert, in der Hoffnung, alles zu finden was notwendig ist.

Ich habe keine Zeit
Wie oft hören wir die Aussage: Ich habe keine Zeit! Was für ein Wahnsinn. Jeder Mensch hat auf dieser Erde gleich viel Zeit, jeden Tag 24 Stunden. Eine neue Chance, wäre das nicht traumhaft? Jeder Tag birgt so viel Möglichkeiten in sich, es besser zu machen. So brauchen wir nicht den Kopf hängen zu lassen: Es hat doch eh keinen Sinn. Erst wenn Sie sich Ihren Träumen hingeben, können sie Wirklichkeit werden.

Was suchen Sie?
Vielleicht noch eine kleine Bemerkung am Rande: Was suchen Sie? Suchen Sie den Partner fürs Leben oder wollen Sie nur Spaß haben? Das ist eine wichtige Unterscheidung. Oft wird das verwechselt. Spaß bedeutet, dass man sich dem voll und ganz hingeben kann, ohne irgendwelche besonderen Absichten oder Verpflichtungen.

Partner fürs Leben
Suche ich einen Partner fürs Leben, muss ich anders vorgehen. Soll sich etwas aufbauen, braucht es mehr Raum für intensive Gefühle. Deshalb muss am Anfang der Spaß ein wenig zurücktreten. Hier eine der Aussagen, die haargenau passt: „Immer wenn ich einen Mann hatte, der mir besonders gut gefiel und ich es mir vorstellen konnte mit ihm zusammenzubleiben, war spätestens nachdem ich mit ihm im Bett war, der Ofen aus!" Na klar doch, das liegt in der Natur der Dinge.

Der Mann als Jäger
Der Mann ist ein Jäger und eine schnell erlegte Beute ist nicht so spannend. Da verliert der Mann sehr schnell das Interesse. Einmal erlegt und alles hat sich erledigt. Das ist genau das, was Sie nicht mehr möchten. Nehmen Sie sich Zeit. So werden Sie sehen, ob Ihr Gegenüber auch das gewünschte Interesse an den Tag legt, ob er sich um Sie bemüht oder es ihm einzig und alleine um den schnellen Spaß geht.

Männer sind alle gleich
Oft kommt der Spruch zum Tragen: Männer wollen immer nur das Eine! Männer halten dagegen: Und Frauen lassen es zu! Es braucht immer zwei und wenn man die Spielregeln kennt, dann ist alles wesentlich einfacher und die Dinge sind geklärt.

Sie müssen es wissen
Zusammenfassend: Sie müssen wissen, was Sie wollen. Überprüfen Sie zuerst einmal genau, was Sie wollen und was es Ihnen bringt. Danach kann es losgehen. Sie haben Ihren Plan, an den gilt es sich zu halten.

Vergleichen Sie es mit einem Kochrezept. Abweichungen führen immer zu anderen Resultaten. Wenn Sie gerne das Original hätten, dann müssen Sie das Rezept einhalten, auch wenn es manchmal sehr schwer ist.

Partnerschaft muss Ergänzung sein

Es gibt einfach nichts Schöneres als eine Partnerschaft, in der man sich ergänzt und gegenseitig aufbaut. Das ist das Allerschönste. Eine Partnerschaft sollte eine Bereicherung sein. Gegenseitige Achtung und Liebe, sich ergänzen, füreinander da sein und gegenseitig stark machen. Das ist wahre Partnerschaft.

Sie spüren es
Wenn Sie jetzt ganz ehrlich sind und in sich reinhören, dann spüren Sie es. Sollten Sie das jetzt abstreiten, dann haben Sie sicherlich eine Partnerschaft, die nicht gerade sehr glücklich ist. Wie fühlt es sich an, wenn Sie darüber nachdenken? Haben Sie ein gutes Gefühl oder werden Sie eher traurig oder vielleicht sogar zornig? Seien Sie ehrlich zu sich selbst, ganz ehrlich, nur das bringt Sie weiter, gibt Ihnen die Möglichkeit, Ihr Leben voll und ganz in den Griff zu bekommen.

Die Begabung des Ausblendens
Das Problem bei uns Menschen ist, dass wir alle begabte Ausblender sind. Wir sind imstande, Dinge buchstäblich wegzublenden, damit sie für uns nicht mehr sichtbar und existent sind. Nur ist das auf Dauer leider sehr ungesund. Wenn die Seele nicht das bekommt, was sie benötigt, macht sie sich bemerkbar. Am Anfang nur ein wenig, später immer deutlicher und stärker. Irgendwann reagiert sie mit Krankheiten.

Unsere Seele vergisst nichts
Sie nimmt alles auf und wird sich über kurz oder lang entsprechend melden. Wir sind oftmals überrascht und sehr erstaunt, was daraufhin passiert. Ich denke jetzt ist die Zeit gekommen, klar und deutlich Bilanz zu ziehen, sich hinzusetzen und über Ihr Leben nachzudenken, um notwendige Korrekturen vorzunehmen.

Das frohe Leben

Um ein besseres, gesünderes und vor allem lebenswerteres Leben zu gestalten, muss man etwas tun, denn es kann sehr schnell vorbei sein. Es wäre mehr als schade, wenn Sie sich eines Tages sagen müssten: „Eigentlich, ja eigentlich hatte ich es mir ein wenig anders vorgestellt." Dann ist es oft viel zu spät. Leben Sie jetzt, heute ist der erste Tag vom Rest Ihres Lebens. Verschieben Sie nichts auf morgen oder übermorgen.

Wieso so aufwändig, oder was soll der Quatsch?

Wenn Sie bis hierher gelesen haben, dann herzlichen Glückwunsch. Das ist ausgesprochen gut! Die meisten Menschen möchten immer alles anders haben, sind aber kaum bereit, an der Grundsituation etwas zu ändern. Ohne diese zu berücksichtigen, wird sich jedoch gar nichts ändern. Da bleibt alles bei frommen Sprüchen und Wünschen. In diesem Fall kann man nur noch hingehen und beten, dass sich vielleicht doch noch etwas ändert. Sie müssen sich bewegen, an erster Stelle im Geiste und auch im Alltag.

Sie haben nur das eine Leben

Sie haben nur dieses eine Leben, außer Sie glauben an die Reinkarnation. Dann würden Sie ja wieder kommen und alles wäre in diesem Leben gar nicht so tragisch. Machen Sie lieber jetzt eine Meisterleistung aus Ihrem Leben. Es gibt nichts Frustrierenderes, als immer hinter dem Glück herzulaufen, voller Hoffnungen und Sehnsüchte. Die ewige Warterei macht auf Dauer nur krank.

Sehr traurig

Finden Sie nicht auch, dass so etwas sehr traurig macht? Die richtige Frage ist immer wieder, was Sie aus Ihrem Leben machen können und wollen. Würden alle Menschen so denken, dann wäre vieles anders. So gäbe es viel weniger Nutznießer mit Vollkasko-Mentalität. Nach dem alten Prinzip: Der Staat wird und hat für mich zu sorgen! Basta, aus und Amen! An dieser Stelle sei nun die Frage erlaubt, wie lange das noch so weitergeht? Wir haben das Ende der Fahnenstange schon längst erreicht. Was soll und kann noch kommen? Verlassen Sie sich lieber nicht auf andere, sondern ausschließlich auf sich selbst. Das war schon immer der Königsweg für ein glückliches und zufriedenes Leben. Träumen ist sehr gut, setzen Sie das Ganze auch um. Das gibt eine sehr große, innere Zufriedenheit.

Das Leben ist so reichhaltig

Das Leben ist so reichhaltig, hat so viele Facetten. Es liegt ausschließlich an uns selbst, was wir daraus machen. Jeder Tag birgt neue Chancen. Wir können uns jeden Tag neu für Glück und Zufriedenheit entscheiden, oder eben auch nicht. Sind wir mit einigen Dingen nicht einverstanden, dann obliegt es uns, entsprechende Schritte einzuleiten und daran zu arbeiten, dass sie sich ändern. Dazu braucht es viel Geduld, eine gehörige Portion Durchhaltevermögen und wir werden ankommen.

Tun, nicht jammern

Es nützt wahrlich nichts, wie immer nur dazusitzen und zu lamentieren, wie es die allermeisten Menschen tun. Das ist das Dümmste, was Sie tun können, denn es ändert sich nichts. Im Gegenteil, durch die ewigen Klagen sinkt Ihre Energie auf Null. Genau das sollte auf gar keinen Fall geschehen, denn ohne Energie und Entscheidungskraft können Sie nicht handeln.

Auf Pessimisten hören

Das Zweitdümmste ist es, auf Menschen zu hören, die negativ eingestellt sind oder immer nur meinen, geht nicht, kann man nicht, darf man nicht und so weiter. Hüten Sie sich vor solchen Pessimisten. Schlagen Sie die Zeitung auf, hier meine ich ganz bestimmte Blätter, was lesen Sie? Wieder diesen negativen Müll, alles ist so schrecklich und grausam. Immer sind die anderen schuld, man müsste und sollte ...! All dies bringt Sie nicht weiter, ganz im Gegenteil. Es kostet Sie nur unnötig viel Kraft und Energie.

Nur Erfolgreiche um Rat fragen

Wenn Sie jemanden um Rat fragen, bitte immer nur erfolgreiche Menschen, die auf ihrem Gebiet bereits schon etwas geleistet haben. Dies ist eine uralte Weisheit, die bis zum jüngsten Tag ihre Gültigkeit hat.

Erfolgreiche wissen wie es geht, sie sind den Weg schon gegangen. Vergleichen Sie es mit einem Bergführer, der Sie auf den Berg hinaufführt. Er kennt den Weg, ebenso die Schwierigkeiten die auftreten können und weiß Rat. Oder würden Sie zum Beispiel den Mount Everest mit Ihrer Freundin besteigen? Sicherlich nicht, Sie wüssten genau, dass das nicht gut gehen kann. Deshalb sollten Sie immer zum Profi gehen.

In der Theorie alles Top
Eines ist mehr als erstaunlich, die meisten reden über alles, wissen aber nichts wirklich. Selbst haben Sie in dem Bereich noch nie etwas auf die Beine gestellt. Echte Profis gehen niemals mit ihrer Meinung und ihrem Können hausieren. Sie haben es gar nicht nötig. Aus diesem Grunde sieht und hört man die reinen Theoretiker immer schon von weitem. Sie wollen stets im Mittelpunkt stehen. Theoretiker sind die Schlimmsten, die es gibt. Sie wissen und können alles, haben aber selbst keinen Erfolg vorzuweisen. Bevor Sie das nächste Mal wieder jemanden um Rat bitten, überprüfen Sie vorher, wie groß der Erfolg dieser Person ist. Da wird sich sehr schnell die Spreu vom Weizen trennen.

Frauengrüppchen
Eines ist mehr als interessant. Haben Frauen eine unglückliche Partnerschaft, tun sie sich meistens immer mit anderen Frauen zusammen, die sich in einer ähnlichen Situationen befinden. Doch anstatt zu helfen, macht dies die Situation schwieriger. Es ist okay, dass man zusammenhält. Jedoch bitte nicht, um sich gegenseitig aufzuhetzen. Das bewirkt genau das Gegenteil. Vor allem wenn die Parole lautet: „Dem werden wir es zeigen!" Das ist übel und führt zu nichts. Im Gegenteil, wenn Sie genau wissen, was Sie wollen und sich mit dem Leben auskennen, dann müssen Sie es niemandem zeigen, nur sich selbst. Sie haben mehr als genug mit sich selbst zu tun und werden mit Sicherheit keine einzige Minute Ihres kostbaren Lebens vergeuden, indem Sie es einem anderen zeigen wollen. Sie sind doch kein Frusti, sondern ein Macher!

Los als Schicksal
Natürlich tut es gut zu hören, dass andere das gleiche Los haben. Das ist beruhigend. Ab diesem Zeitpunkt ist es nur noch mühsam und belastend. Anstatt sich gegenseitig Mut zu machen, wird alles nur noch schwärzer geredet. Wie viele Menschen denken, dass sie die Ärmsten mit dem härtesten Schicksal sind. Sie werden immer Menschen finden, denen es noch viel schlechter geht. Oder leben Sie zurzeit gerade auf der Straße, schlafen Sie unter einer Brücke? Wissen Sie noch nicht, ob es nachher etwas zum Abendessen geben wird? Haben Sie dreckige und verlumpte Klamotten an?

Männer sind schlecht
Ich hatte vor einiger Zeit das Glück, in so einen Kreis von Frauen zu geraten und habe mir nur gedacht, dass die nie mehr etwas Vernünftiges finden werden. Sie bezeichneten alle Männer als Schweine, die immer nur das eine wollen und eigentlich völlig überflüssig sind. Es ist sehr schade, wenn man so eine Einstellung hat. Nach dem Gesetz der Resonanz zieht man natürlich nur solche Menschen an. Damit schließt sich einmal mehr der Kreis. Das nennt sich dann selbst erfüllende Prophezeiung!

Der Glaube ist sehr wichtig

Neben dem Wunsch und einem klaren Bild Ihres neuen Partners ist der Glaube sehr wichtig. Wenn Sie Ihren Partner genau beschrieben haben, ganz genau wissen, wie er sein soll, dann benötigen Sie nur noch Ihren festen Glauben und einen ebensolchen Willen, es bis zum Schluss durchzuhalten.

Der Wunsch alleine reicht nicht
Einfach nur einen Wunsch zu haben und warten, dass er sich von alleine erfüllt, das reicht nicht aus. So leben die meisten Menschen ein ganzes Leben lang. Sie streben von einem Wunsch zum anderen. Mit der Zeit werden es immer weniger, weil sie das Leben lehrt, dass sich Wünsche doch nicht erfüllen. Man glaubt sich in einer benachteiligten Situation, nach der Devise: Es gibt Menschen, die haben alles und ich nichts! Das ist ungerecht. Damit hat man sein eigenes Schicksal besiegelt. Das ist sehr traurig, weil es einfach nicht sein muss.

Der liebe Gott ist zuständig
Das ist eine sehr nette Variante, Gott wird es schon richten. Er wird mir helfen, dafür ist er doch da. Ich bete zu ihm, dass er alles in Ordnung bringt. Wie kann man sein Leben nur so aus der Hand geben und darauf hoffen, dass er oder andere Menschen es für einen gestalten? Dass wir uns gut fühlen und glücklich sind? Das ist einzig und alleine unsere Aufgabe. Wir müssen höchst persönlich Sorge tragen, dass die Dinge so werden, wie wir Sie uns wünschen.

Märchenprinz im Märchen
Sie müssen sich in Bewegung setzen und dürfen nicht erwarten, dass Ihr Märchenprinz plötzlich vor der Tür steht und klingelt. Sie schließen auf und er sagt zu Ihnen: „Hallo, hier bin ich." Genauso das Disko-

Hopping: Jedes Wochenende ab in die Disko, immer auf der Jagd nach dem Märchenprinzen. Irgendwann muss es endlich klappen. Ja super, und wenn nicht, geht's einmal mehr mit Frust nach Hause.

Hier ein Beispiel

Beispiele führen am schnellsten zu einem klaren Verständnis. Sie bringen uns wesentlich näher an das eigene Sein heran und damit zum Handeln. Handeln ist die Voraussetzung dafür, dass sich etwas tut.

Eine langjährige Kundin, die regelmäßig auf die Naturkosmetik-Schönheitsfarm kommt, war mehr als unglücklich, denn nach ihrer Scheidung war sie mit ihren beiden Kindern alleine. Es war kein Ausweg in Sicht. Das Gefühl, ein Leben lang alleine oder mit weniger guten Männern zusammen zu sein, wurde zur riesengroßen Belastung, die schon bald ihr ganzes Leben zu einem Vakuum machte.

Die Sehnsucht brennt
Die Sehnsucht nach einem Partner wurde immer größer und größer. Es gab einige Episoden mit verschiedenen Männern. Es war aber nie der Richtige. Bei einem der vielen Gespräche während der Behandlung fragte ich sie ganz einfach, ob sie bereit wäre, ein Experiment mitzumachen. Wir nannten es: „Traummann-Findung mit Strategie!"

Der Anfang mehr als skeptisch
Am Anfang war sie sehr skeptisch, um nicht zu sagen sogar ängstlich. Das Ganze war ihr nicht geheuer. Sie wollte es lieber weiterhin alleine probieren. Wir waren darüber ein wenig traurig, hatten wir eine großartige Chance gesehen, ihr zu helfen. Wie heißt es so schön? Jeder ist seines Glückes Schmied. Eines stimmte uns jedoch versöhnlich. Da sie nach dem alten Muster vorgehen würde, konnte es nicht zum gewünschten Erfolg führen. Irgendwann würde sie sicherlich so weit sein.

Manchmal dauert es
Nach diesem Vorstoß verging noch einmal ein ganzes Jahr. Es folgten

einige Episoden mit wechselnden Partnern. Plötzlich kam die zaghafte Anfrage, ob das Angebot von damals noch gelten würde. Natürlich, denn wir hatten niemand anderen gefunden, für den es so gut gepasst hätte. So setzten wir uns abends hin und fingen an, den Idealmann zu kreieren. Das Verlangen war so groß, dass das Projekt mit Geduld und viel Durchhaltevermögen durchgeführt werden konnte. Es sollte so schnell wie möglich passieren, da ein weiteres Jahr ins Land gezogen war. Die Sache duldete keinen Aufschub mehr. Aus ihrer Sicht sollte es ganz schnell gehen, doch schnell geht rein gar nichts. Denken Sie wieder an den Bauern, der ernten möchte. Er weiß genau, dass er erst säen muss, dann muss er die Pflanzen pflegen, erst dann kommt die Ernte. Das vergessen leider die meisten Menschen. Da wird jahrelang rumgebummelt und plötzlich soll es irrsinnig schnell gehen.

Zielrichtung stand fest

Nachdem feststand, wie der neue Mann von Kopf bis Fuß auszusehen hatte, ging es an die wichtige Planung. Sie kennen es bereits aus den vorausgegangenen Kapiteln. Es gibt Fragen über Fragen, die zu beantworten sind. Es ist oft nicht einfach, bis zum Kern vorzustoßen, aber doch elementar. Es war ein Prozess von mehreren Wochen, bis der Traummann zumindest schon mal auf dem Papier Wirklichkeit geworden war. Das klare Wunschziel war ein Zahnarzt. Aus ganz einfachen Gründen: Als Tochter eines Zahnarztes und ehemalige Zahnarzthelferin hatte sich herauskristallisiert, dass der Ideal-Mann von der Bildung her nur ein Zahnarzt sein konnte. Vielleicht spricht jetzt gerade in dem Moment Ihr Unterbewusstsein zu Ihnen, dass das wohl Quatsch sei. Das passiert immer dann, wenn man sich etwas nicht vorstellen kann. Nur wenn Sie eine Änderung wollen, müssen Sie auch neue Wege gehen. Wer immer nur das tut, was er immer schon getan hat, wird immer nur das erreichen, was er bisher erreicht hat! Eine ganz einfache Regel.

Wo sind diese Männer

Ein Zahnarzt sollte es also sein. Nun ging es an die Umsetzung. Wo findet man Zahnärzte? Na klar, natürlich in den Zahnarztpraxen. Nur was für einen Eindruck hinterlässt das? Du lässt dir einen Termin geben, gehst hin, wartest im Wartezimmer, wirst aufgerufen und zum Stuhl gebracht. Dort setzt du dich hin, bekommst das Lätzchen umgebunden und wartest. Dein Herz klopft bis zum Hals. Du bekommst ganz feuchte Hände.

Vorgehensweise
Der Herr Doktor kommt rein und begrüßt dich. Er setzt sich und will dir in den Mund schauen. Just in dem Moment sagst du: „Herr Doktor, ich habe gar nichts an den Zähnen, ich bin hier, weil ich einen Zahnarzt heiraten möchte." Was glauben Sie, was in dem Moment passiert? Entweder fällt Herr Doktor vor lauter Schreck gleich vom Stuhl. Oder er schreit, lacht oder schüttelt bestimmt den Kopf. Sie stürmen mit hochrotem Kopf hinaus. Gut, das wäre die dümmste Variante. Die Chance, dass Sie sich auf diesem Weg blamieren, ist relativ groß. Vielleicht haben Sie Glück und er sagt: „Hey, tolles Mädel, ich suche gerade eine Frau. Was habe ich für ein Glück, dass Sie heute gerade hier sind." Dann wendet er sich an die Sprechstundenhilfe und sagt: „Bitte lassen Sie mich jetzt mit meiner zukünftigen Frau alleine."

Fein-Selektion
Das wäre die zweite Variante. Was aber, wenn er Ihnen gar nicht gefällt? Also ein absolut unsicheres Unterfangen. Stellen Sie sich vor, Sie sitzen da, warten auf einen jungen schlanken Zahnarzt und ein alter Opa kommt durch die Tür. Was machen Sie dann? Oder wollen Sie im Vorfeld das Ganze schon am Telefon managen: „Ich hätte gerne einen Termin bei Ihnen, aber sagen Sie mal, ist der Herr Zahnarzt noch zu haben und wenn ja, wie alt ist er bitte? Wie schaut er aus?" Ich glaube nicht, dass Sie Hunderte von Zahnarztpraxen aufsuchen würden, bis es endlich klappt. Dieser Weg ist absurd und Sie würden sich mehr als lächerlich machen. Das sollten Sie auf alle Fälle vermeiden. Sie möchten doch Ihr teilweise schon leicht angeschlagenes Selbstbewusstsein nicht auf einen Schlag ganz kaputt machen?

Alternativen
Wo findet man noch Zahnärzte? Eine Anzeige wäre eine Möglichkeit, jedoch eine sehr unpersönliche. Würde sich da überhaupt jemand melden? Und wenn, wie schaut er aus? Entspricht er Ihren Erwartungen? Desweiteren ist man schon wieder in der so genannten Warteposition. Das haben Sie ja bereits schon hinter sich, wie die meisten Menschen auf der Partnersuche.

Freizeit ist besser
Wir mussten ganz einfach irgendwo Zahnärzte finden, doch nur wo? Während der Freizeit stehen die Chancen sicher besser als in der Praxis. Aber unsere Kundin konnte natürlich unmöglich jeden Mann ansprechen: „Bist du Zahnarzt?" Erneutes Eintauchen! Wo treffen wir Zahnärzte? Da kam mir die rettende Idee. Man muss sich in der Tat einfach nur intensiv mit der Thematik befassen, dann kommt die Lösung. Auf einem Meeting, einem Kongress! Das war die Lösung. Bei Kongressen gibt es einen offiziellen Teil mit Lernen, danach einen inoffiziellen mit Entspannung und Spaß. Das ist der Moment, in dem man die Chance hat, wenn man es richtig angeht. Alles andere wäre zu aufwändig. Das ganze Leben ist eine Frage der Energie, das heißt, vieles kostet Energie und manches gibt Energie. Es ist besser, sich um die Dinge zu kümmern, die schnell Energie bringen. Diese führen uns an unser Ziel. Ohne Umwege, auf direktem Weg. So ist es auch mit der Partnersuche.

Zahnärzte-Kongress
Als Schweizer aus St. Moritz war mir der dort jährlich stattfindende Zahnärzte-Kongress gut bekannt. Die Zahnärzte kamen dort zum Arbeiten und Lernen zusammen. Sie hatten aber auch Freizeit. Unsere Kundin war über diesen Vorschlag sehr erschrocken. Sie fand es gar nicht so lustig, zumal sie auch alleine fahren müsste. So etwas hatte sie noch nie gemacht. Auch noch im gleichen Hotel wie die Zahnärzte zu schlafen, in der Lobby oder an der Bar zu warten, bis endlich die Doktoren kamen und sie vielleicht ansprechen. Das war ein Ding der Unmöglichkeit für sie. Unabhängig von den Kosten, die da entstehen. Da haben wir einen

kurzen Break gemacht. Eine so genannte Bedenkzeit! Wenn der Wunsch groß genug ist, kommt wieder Bewegung in die Sache. Wieder dauerte es seine Zeit. Ein paar Erfahrungen reicher und noch immer den brennenden Wunsch, einen Zahnarzt kennenzulernen, kam sie auf diese Idee zurück. Sie war bereit, den Weg zu gehen.

Erfolgsformel Z+P+T+K

Wir kramten unsere alte Erfolgsformel erneut heraus: Z + P + T + K. Das Ziel war definiert, der Plan war auch da. Jetzt ging es um das alles entscheidende Tun. Denn ohne Aktion, wäre es niemals weitergegangen. Das ist leider das, was die meisten Menschen immer und immer wieder vergessen. Sie wünschen sich sehr viel, nur sie tun in der Regel kaum etwas, weil sie der Mut verlässt. Wenn Menschen arm an Mut sind, führt das zwangsläufig in die Armut. Unsere deutsche Sprache ist einfach großartig. Sie sagt alles überdeutlich.

Optimale Kontaktmöglichkeit

Sie war bereit, alleine nach St. Moritz zu reisen. Vorher wollte sie noch eine Freundin mitnehmen, nur das hätte eher abgelenkt. Wir buchten zum Zeitpunkt des Zahnärztekongresses ein Zimmer im Hotel. Anwesenheit und ein nettes Outfit sollten zur Kontaktaufnahme verleiten. Es ist die uralte Geschichte des jagenden Mannes. Ein alter Hut, auch wenn Frauen noch so emanzipiert sein wollen und es teilweise auch sind. Die alten Spielregeln haben nach wie vor bis zum heutigen Tage ihre Gültigkeit nicht verloren. Das Ziel angesprochen zu werden, würde sie auf jeden Fall erreichen, es war nur eine Frage der Zeit. Die Strategie sah klar vor, so verlockend wie möglich aufzutreten. Natürlich musste nicht sofort der passende Mann gefunden werden. Es ging zunächst darum, einen Fuß in die Tür zu bekommen, Kontakte zu knüpfen. Diese ließen sich dann weiter ausbauen. Klare Strategie, sich nicht gleich vom Erstbesten – und sei er tatsächlich Zahnarzt – erlegen zu lassen. Das heißt, mit dem Erstbesten ins Bett zu gehen, das stand nicht zur Debatte. Zurückhaltung war das oberste Gebot.

Fast 24 Stunden Chancen

Chancen ohne Ende, sich in Position zu bringen, alles klar nach Plan umzusetzen, sehr ungewöhnlich, aber eine alte Formel, die noch heute Gültigkeit hat: Die Strategie der Jagd. In diesem Fall wurden die Männer zu den Gejagten. Ganz subtil durch den Lockvogel. Stillhalten, sich in Pose setzen und warten, bis das Raubtier zuschlägt.

Die Chancen

Morgens beim Frühstück, in den Pausen, beim Mittagessen, beim Vier-Uhr-Tee, ein Aperitif an der Bar, Abendessen, im Nachtlokal, auf den Skipisten oder im Ort selbst. Da Männer prinzipiell, bis auf wenige Ausnahmen, immer auf der Jagd sind, ihre Augen aufhaben und die Gegend absuchen – noch ein Verhalten aus grauer Vorzeit – war es nur eine Frage der Zeit, bis eine allein reisende Frau entdeckt und angesprochen wurde. Das Hotel war gebucht und jetzt ging es ans Warten. In drei Monaten sollte es soweit sein.

Angst und Zweifel

Zweifel sind Verräter in unserem Leben. Natürlich werden fast alle Menschen immer und immer wieder von Zweifeln geplagt. Vor allem, wenn wir bekannte Pfade verlassen. Da kommt dann eine gehörige Portion Unsicherheit auf. Unser Selbstbewusstsein lässt uns im Stich und wir möchten am liebsten fliehen.

Liebe Freunde und Familie
In solchen Fällen ist es in der Tat viel besser, Stillschweigen mit sich selbst zu vereinbaren. Einfach niemandem von den Plänen zu erzählen. Die anderen würden so etwas kaum verstehen und wollen es auch nicht. Leider ist es so, dass der Mensch alles was er nicht kennt ablehnt, weil es schlecht sein könnte. Damit verbaut er sich so manche Chance. Am schlimmsten sind hier die Leute aus den eigenen Reihen. Wenn dann der Satz kommt: „Ich mische mich nicht ein, du musst wissen, was du tust. An deiner Stelle würde ich aber ...!" Das ist die ganz subtile und zugleich auch sehr perfide Einflussnahme. Sie sitzt und je öfter man das hört, verbunden mit der eigenen Unsicherheit, Angst vor dem Neuen, desto mehr nimmt man sich wieder zurück. Man vergisst lieber, was man mal wollte und begräbt seine Wünsche.

Lieber doch nicht
So fielen während den Behandlungen öfter die Sätze: „Ich glaube, ich lasse es lieber. Die Idee ist gut, ich bin dem aber nicht gewachsen." Solche Worte sind Ihnen sicherlich bekannt? Die Angst und der Zweifel nagen, man wird immer unsicherer. Vielleicht kommt man auf die glorreiche Idee, mit anderen Menschen darüber zu sprechen. Die Antwort ist klar, da es sich um eine außergewöhnliche Vorgehensweise handelt.

Unsicherheit
Durch schlechtes Feedback und die eigene Unsicherheit geschürt, wird die Angst immer stärker und stärker. Eines ist sicher: Je mehr man sich mit einer Sache beschäftigt, desto mehr Energie investiert man.

Angst als lähmender Faktor
Angst lähmt, das ist eine uralte Tatsache. Mit Angst wird seit Menschengedenken operiert. Sie hält Menschen klein und schwach. Eine große Institution hat mit den verschiedensten Drohungen Menschen über viele Jahrhunderte gefügig gemacht. Die Menschen sollten einfach nicht zu schlau und zu mutig werden, denn sonst wären sie unkontrollier- und unregierbar geworden. Genau das, was man niemals zulassen konnte und wollte. Was da im Großen geschah, passierte auch im Kleinen, in der eigenen Familie. Wie oft werden schon Kinder mit Verboten und Grenzen klein gehalten?

Der entscheidende Tag kam

Endlich hatte die lange Warterei ein Ende und der große Tag kam. Morgens aufstehen, packen und mit dem Zug nach St. Moritz. Dort gleich mit der Hotel-Limousine ins Hotel. Erster Anruf: „Ich habe Angst, fühle mich nicht wohl. Ich glaube, ich fahre gleich wieder zurück!" „Gib niemals auf!" Das war unsere klare Botschaft. Wenn wir aufgeben, haben wir verloren. „Wir telefonieren heute Abend noch einmal." Alte Regel von Menschen, die viel reisen: Erst einmal duschen oder baden, etwas essen und schon geht es einem wieder besser. Das wollte sie dann auch tun.

Optimale Betreuung

Das nennen wir optimale Betreuung: Einfach da sein für unsere Kunden. Abends dann der Anruf: „Ich fühle mich unwohl hier. Keiner hat mich angesprochen, es ist komisch!" „Geduld, Geduld, so schnell geht das nicht. Große Hotels haben viele Gäste und es dauert schon einige Tage, bis man klar blickt. Bleiben Sie da. Jetzt sind Sie schon so weit gekommen, nun geht es ans Durchhalten!"

Aushalten, nicht aufgeben

Einen Tag später: „Ich habe alle gesehen, es ist keiner dabei der mir gefällt!" „Das macht doch nichts, aushalten, Kontakte sammeln, denn diese ganzen Zahnärzte kennen andere Zahnärzte." Zwei Tage später: „Mir geht es richtig gut. Ich sitze bei den Herren am Tisch. Einige sind sehr um mich bemüht!" Klasse, jetzt kommt Bewegung in die Sache. Wichtig ist nun, die Finger von den Männern zu lassen, klar nach der Strategie vorzugehen, auch wenn der eine oder andere ganz nett ist.

Es macht sich bezahlt

Überglücklich über diesen Urlaub kam sie nach Hause. Wenige Tage später wurde sie bereits von einem Zahnarzt aus ihrer Nähe zu einem

Abend-Date eingeladen. Sie ging voller Erwartungen hin, vielleicht nun den Mann Ihres Lebens kennen zu lernen.

Spaß am Leben

Leider war dem nicht so. Aber sie hat wieder mehr Spaß am Leben gefunden. Gut zwei Monate später hat Sie den richtigen Mann auf einer Party von Zahnärzten getroffen und ist mittlerweile überglücklich verheiratet.

Unglaublich das Ganze

Sicherlich werden Sie sich jetzt bei diesem Kapitel die Frage stellen, ob das sein kann, ob das möglich ist? Wenn Sie ganz mutig sind, denken Sie darüber nach und stellen sich die Frage: Ist das auch bei mir möglich? Oftmals machen sich Unsicherheit und Ungläubigkeit bemerkbar. Diese Denkweise sabotiert eine Umsetzung. Sie werden von Ihrem eigenen Unterbewusstsein sabotiert. Es ist in der Vergangenheit einfach viel zu viel passiert. Oft ist kaum Selbstvertrauen da. Viel zu viele negative Erlebnisse säumen den Weg. Teilweise wurden sie selbst erlebt, teilweise auch nur gehört. Haben Sie einfach Mut und glauben Sie an sich. Das ist das höchste und wichtigste Gut, das Sie als Mensch überhaupt haben können.

Durchhaltevermögen

Entscheidend ist bei allem was man tut, genügend Durchhaltevermögen an den Tag zu legen. Wie es das Wort schon beinhaltet: Durch-halte-vermögen. Sie müssen da durchgehen, es aushalten, und zum Schluss gelangen Sie zum Vermögen.

Durch
Da durchgehen, das ist eines der schwierigsten Dinge für die meisten Menschen. Bevor du da durchgehen kannst, musst du zuerst durch dich selbst durchgehen. Durch deine vielen Wenn und Aber. Wenn das einmal getan ist, setzt man sich in Bewegung und hält es bis zum Schluss durch.

Halten
Sie müssen es aushalten. Wie oft kommt in solchen Situation der Wunsch auf, lieber aufzugeben, zu den alten Tugenden zurückzukehren. Das ist viel bequemer. Man weiß haargenau, wie alles abläuft. Letztlich hätte man so ein wesentlich ruhigeres Leben. Dann greifen noch Sprüche wie: Mein Gott, so schlimm ist es gar nicht. Die meisten Menschen leben doch so. Das ist einer der schwierigsten Momente, vor allem, wenn noch andere Menschen der gleichen Meinung sind. Diese werden nicht müde, Sie immer und immer wieder zu bequatschen, zu beirren. Wie gut, wenn Sie den starken Wunsch haben, es zu schaffen. Sich von niemandem, absolut niemandem mehr beirren lassen. Zweifel, die immer wieder auftreten, müssen sofort durch Konzentration auf das Erreichte gestoppt werden.

Vermögen
Das Ende, der Sieg ist der schönste Moment den Sie erreichen können. Sie sind ein so immenses Stück gegangen, haben Ihre Vergangenheit hinter sich gelassen. Sind aus der Komfortzone herausgetreten, in dem festen

Glauben, es zu schaffen. Wissend, dass alles was jetzt kommen wird, nur viel besser sein kann als das Alte. Sie zählen zu den Machern, zu den Großen dieser Erde, die immer wieder etwas bewegen, die stets bereit sind, die alten Trampelpfade zu verlassen.

Neid
Der Moment ist gekommen, in dem man Sie beneiden wird. Der Anfang war hart, man hat über Sie gelacht und manchmal sogar gespottet: „Du wirst schon noch sehen wo du hinkommst!" Sicherlich werden Sie sich an das eine oder andere blöde Grinsen erinnern. Doch Sie haben sich nicht beirren lassen. Jetzt, wo Sie es geschafft haben, heißt es einfach: „Ja, du hast halt Glück gehabt." Wobei hier einmal mehr das alte Sprichwort zum Tragen kommt: Jeder ist seines Glückes Schmied! Sie sind reich an Erfahrung, Wissen und Können. Wenn es ums Business ginge, auch an Geld. Geben Sie all das nie mehr her. Ich wünsche Ihnen so viel Durchhaltevermögen, dass Sie es schaffen und mehr als stolz auf sich sein können. Neben sich Ihren neuen Schatz, der voll und ganz zu Ihnen passt. Leben Sie Ihren Traum. Leben Sie ihn, so lange Sie leben. Denken Sie bitte daran, das Leben ist keine Generalprobe, es ist Ihr Leben, Sie sind mitten drin. Es gibt keinen Aufschub. Sie können nichts für später sparen. Sie müssen jetzt leben.

Der Glaube kann Berge versetzen

Sie müssen zu jeder Zeit fest an das glauben, was Sie tun. Voll und ganz davon überzeugt sein, dass das was Sie tun zum Erfolg führen wird. Es ist nur eine Frage der Zeit. Das Problem der meisten Menschen ist ganz einfach, dass sie viel zu ungeduldig sind, immer glauben, alles müsse sofort funktionieren und zum Erfolg führen.

Alles braucht seine Zeit
Vergleichen Sie es mit der Natur. Auch hier geht wahrlich nichts über Nacht. Alles braucht eine gewisse Phase des Wachstums. Ein Saatkorn in die Erde eingepflanzt, kann nicht schon am nächsten Tag so gewachsen sein, dass man ernten kann. Es dauert viele Wochen und Monate, in denen die kleine Pflanze gehegt und gepflegt werden muss. Sie wird immer stärker und stärker, wächst und eines Tages ist es dann soweit. Denken Sie dabei nur einmal zurück, wie lange es gedauert hat, bis Sie im Mutterleib herangewachsen waren. Ganze neun Monate.

Gib niemals auf
Wie lange hat es gedauert, bis Sie laufen konnten? Doch eine sehr lange Zeit. Wie oft sind Sie dabei hingefallen? Immer und immer wieder. Haben Sie aufgegeben? Natürlich nicht, niemals, das kam für Sie gar nicht in Frage. Sie hatten nur eines im Kopf, Sie wollten sich endlich genauso wie die Erwachsenen von A nach B bewegen. Heute ist das normal für Sie. Sie machen sich keine Gedanken darüber, wie das überhaupt funktioniert.

Langes Lernen
Denken Sie ans Lesen, Schreiben und Rechnen. Wie viele Jahre haben Sie benötigt, um das zu lernen? Sie sind mindestens neun Jahre in die Schule gegangen. Tag für Tag, immer und immer wieder. Sie haben viel Durchhaltevermögen bewiesen, sonst könnten Sie heute dieses Buch nicht

lesen. Eines der wichtigsten Merkmale von erfolgreichen Menschen ist ihr großes Durchhaltvermögen. Sie ziehen es bis zum Schluss durch. Der Gedanke ans Aufgeben existiert überhaupt nicht.

Blockaden auf dem Weg zum Erfolg

Es gibt sehr viele Hindernisse auf dem Weg zum Erfolg. Das Allergrößte sind Sie selbst. Wie bereits schon aufgeführt: Zu wenig Glaube und Durchhaltevermögen. Hinzu kommt, dass der bewährte Pfad verlassen wird. Man versucht Abkürzungen zu gehen. Was noch viel schlimmer ist: Man will einfach das Rad neu erfinden! Das ist Blödsinn und führt sehr schnell ins Aus. Deshalb ist es immer klüger, von Erfolgreichen zu lernen. Diese sind den Weg bereits gegangen, sie wissen wie es geht. Wie heißt es: „Der Kluge lernt von anderen, nur der Narr macht alle Fehler lieber selbst!"

Hindernisse
Gibt es immer. Auf die höchsten Gipfel mit der schönsten Aussicht gibt es keinen Lift, der einen in wenigen Minuten ganz nach oben bringt. Sie müssen mühsam bestiegen werden, Schritt für Schritt, Tag für Tag, Monat für Monat und Jahr für Jahr. Nur so ist man imstande, eine sehr lange Distanz zu überwinden. Alles andere ist Träumerei. Die vielen Shows heutzutage gaukeln den Menschen vor: Es würde reichen, wenn wir ein wenig singen oder ein paar Fragen beantworten, das würde uns sofort zu Stars oder Millionären machen. Das entspricht leider nicht ganz dem normalen Leben. So träumen Millionen von Menschen den großen Traum vom schnellen Geld ohne großen Einsatz. Aber Hindernisse gehören nun mal dazu. Sich darauf einzustellen, lohnt sich auf alle Fälle. Dann gibt es kein Erschrecken oder Erstaunen. Wenn Sie dazu noch einen passenden Coach haben, der Sie führt, der die Probleme kennt, kann Ihnen nichts mehr passieren.

Glaube, Glaube, Glaube
Es gibt nur einen einzigen Glauben: Den Glauben an den Sieg! Alles andere darf überhaupt nicht in Ihrem Hinterkopf rumspuken. Wie oft

sagen die Menschen: „Wenn das nicht klappt, dann ...!" Das ist ein großer Blödsinn, denn wenn ich etwas will, dann ziehe ich es durch, ohne Wenn und Aber. Es gibt für mich einfach keine Alternative. Die meisten Menschen leben jedoch stets mit der Alternative. Wenn es nicht klappt, dann lassen sie es eben. Stellen Sie sich vor, unsere Spitzensportler hätten so eine Einstellung. Nehmen wir mal Michael Schuhmacher, was wäre, wenn er in Hockenheim mit so einer Einstellung an den Start ginge: „Ich fahre mit, mal sehen ob ich gewinnen kann? Wenn nicht, ist es nicht schlimm. Platz zwei ist auch ganz nett. Wenn ich ausscheide, spielt das keine Rolle."

Absurde Einstellung
Sehen Sie, absolut absurd diese Einstellung. So wäre er nicht ein einziges Mal Weltmeister geworden. Michael Schuhmacher hat nur eine einzige Sache im Kopf: Sieg, Sieg und nochmals Sieg! Alles andere ist ausgeblendet, Konzentration auf das Wesentliche. Das ist das Prinzip des Siegens. Vielleicht werden Sie nun sagen, ich bin aber kein Spitzensportler. Egal, denn es ist das allumfassende Prinzip des Erfolges. Unabhängig davon, was Sie erreichen möchten. Die Klagen müssen einfach aufhören. Wenn Sie etwas wollen, dann arbeiten Sie darauf zu, blenden alles andere aus. Ansonsten lassen Sie es lieber.

Pessimisten
Die meisten Menschen gehören leider zu dieser Gruppe. Alles hat einen negativen Aspekt. Das ist sehr schade, denn uns geht es wesentlich besser, als den meisten Menschen auf dieser Erde. Die oft nicht einmal wissen, wo sie abends eine Bettstatt finden, sich Tag für Tag Gedanken und Sorgen machen müssen, ob es etwas zu essen gibt oder nicht. Sie haben nur zwei Möglichkeiten, entweder verabschieden Sie sich von all den Wehklagen, nehmen Ihr Leben in die eigenen Hände oder Sie plätschern die nächsten Jahre bis zu Ihrem Ableben so vor sich hin. Mit Negativität ist nichts zu erreichen. Es gibt Dinge, die können Sie ändern, und es gibt andere, da können Sie rein gar nichts tun. Sie haben stets und jeden Tag die Macht über sich selbst. Können jederzeit eingreifen und aktiv Ihr Leben gestalten.

Optimisten

Diese sind leider in der Unterzahl. Wenn Sie jedoch mit offenen Augen durchs Leben gehen, werden Sie sehr wohl auch Optimisten finden. Es sind Menschen, die arbeiten, klar ein Ziel verfolgen, etwas erreicht haben oder auf dem Weg dorthin sind. Menschen mit einem Lächeln auf den Lippen, die nie klagen und jammern, die wissen, dass für alles ein Preis zu zahlen ist. Dankbarkeit ist wichtig. Seien Sie dankbar dafür, dass es Ihnen so gut geht und dass Sie es in Ihrer Hand haben.

Konsequenz mit System führt zwangsläufig zum Erfolg

Wiederholen wir alles noch einmal. Sie, und ausschließlich Sie allein, müssen absolut konsequent sein. Das System bekommen Sie von uns an die Hand. Dadurch werden Sie den Erfolg nicht mehr verhindern können. Das sind die zwei allerwichtigsten Zutaten. Ihre Konsequenz und das System. Natürlich gibt es unzählige Systeme auf dieser Erde. Die Natur hat System, Ihre Arbeit hat System, Sie fahren Auto mit System und so weiter ...

Erfolgssysteme und andere
Es gibt Systeme, die führen zum Erfolg und es gibt welche, die führen ins Nichts. Sie wünschen sich eine glückliche Partnerschaft. Das ist alles machbar und möglich. Dass Ihr bisheriger Weg, Ihr bisheriges System nicht dahin geführt hat, ist der so genannte IST-Zustand. Sie haben schon einige Beziehungen erlebt, sind unzufrieden. Sie möchten etwas ändern. Sie wollen von dem IST-Zustand zum SOLL-Zustand kommen.

Ihr Herz muss höher schlagen
Der Soll-Zustand meint: So sollte es sein. Dahin gibt es einen klaren Weg, den viele schon gegangen sind und den auch Sie gehen können, vorausgesetzt Sie möchten es. Entscheidend ist, es muss Ihr fester Wille sein. Sie müssen von dem Gedanken völlig beseelt sein. Ihr Herz muss dabei höher schlagen. Der Gedanke an Ihr Ziel darf Sie nicht mehr loslassen. So klappt es auch! Sie werden genügend Durchhaltevermögen an den Tag legen. Dabei werden Sie jeglichen Gedanken ans Aufgeben völlig ignorieren.

Konsequent
Das Problem der meisten Menschen ist, dass sie viel zu inkonsequent sind. Wünsche sind viele da, man hätte diese auch gerne erfüllt. Aber in dem

Moment, in dem es schwierig wird, hört es für fast alle schon auf. Dann schrauben sie lieber die Wünsche zurück oder geben ganz auf.

Gewinner und Verlierer

Verlierer geben immer anderen die Schuld. Nur sie selbst sind völlig unschuldig. Sie wollten schon gerne, aber ... Genau da liegt der Hase begraben, beim ewigen "Ja, aber!" Erfolg duldet kein „Ja, aber!" Erfolg bedeutet schlicht und einfach, von früh bis spät zu arbeiten. Egal, was da kommen möge. Alles andere ist nur Rumgeplänkel und führt zu nichts. Im Gegensatz dazu übernehmen Gewinner immer und für alles die volle Verantwortung. Es ist kein Platz vorhanden, anderen die Schuld zu geben. Gewinner machen und tun so lange, bis es passt und der gewünschte Erfolg eingetreten ist. Das ist der kleine, entscheidende Unterschied. Erfolg und Misserfolg liegen so nahe beieinander. Sie entscheiden, machen Sie eine Meisterleistung daraus und übernehmen Sie ab sofort die Verantwortung für alles, was geschieht oder auch nicht geschieht.

Zurückhaltung

Ein wichtiges Kapitel. Viele stürmen voller Begeisterung los und sind sehr enttäuscht, wenn es nicht funktioniert. Ohne klare Strategie sollten Sie niemals loslegen. Es muss eine klare Strategie her, auch wenn 97% aller Menschen behaupten, das wäre Blödsinn. Wer hat Recht? Sicher nicht die breite Masse. Sonst wären diese mehr als zufrieden mit ihrem Leben. Hier einige Beispiele aus unserer Praxis, die Namen wurden geändert:

Jagdtrieb gleich abgelöscht

Yvonne: Sie hatte Ihren Mann klar und deutlich herausgearbeitet. Ein Geschäftsmann sollte es sein, alles stand genau fest. Sie lernte einen kennen, war gleich so begeistert und machte dann den entscheidenden Fehler. Sie ging sofort mit ihm ins Bett. Danach kam einmal mehr die Enttäuschung, der Mann hatte kein Interesse mehr an ihr. Sie hatte die ausgearbeitete Strategie völlig vergessen. Sie war so beseelt davon, endlich angekommen zu sein und hat dabei völlig außer Acht gelassen, dass alles seine Zeit braucht. Ein kleines und zartes Pflänzchen will gehegt und gepflegt werden. Es muss Zeit haben um zu wachsen, groß und stark zu werden, um den Naturwidrigkeiten zu trotzen.

Kein Gleichnis

Gudrun war nicht bereit, die gleichen Interessen zu teilen. Alles was ihr neuer Angebeteter tat, fand sie öde und blöd. Sie wollte ihren Neuen umkrempeln. Hobbys und Freunde waren eh nichts, da sollten neue her. Somit war es auch hier nur eine Frage der Zeit, bis der Mann sich verabschiedete.

Ich bin mir zu fein

Silvia wurde stets von ihrem neuen Freund eingeladen. Nichts war ihm zuviel. Schöne Kurztrips in die besten Hotels, Kleider und viele weitere Geschenke. Dies alles wurde für sie innerhalb kürzester Zeit zur Selbstverständlichkeit. Auf die Bitte, abends mal schnell ein Hemd aufzubügeln, meinte sie ganz lapidar: „Das sehe ich nicht ein, du hast doch eine Bügelfrau!" Sie war der Meinung, dass ihr Freund genügend Mitarbeiter hat. Damit war diese Sache gegessen. Heute ist der Mann mehr als glücklich verheiratet. Seine neue Frau ist, wie konnte es anders sein, eine gute Freundin von Silvia. Diese ärgert sich heute noch über ihre Dummheit. Ihrer Freundin geht es mehr als gut. Eine Haushälterin, ein Kindermädchen, einen Privatlehrer und viele weitere Annehmlichkeiten stehen ihr zur Verfügung. Silvia hat das Grundgesetz von Geben und Nehmen missachtet.

Jeder Tag ist eine neue Chance

Sie ist seitdem frustriert und hat sich selbst verloren. Das ist fatal, wenn man schon einen Fehler macht, darf man nicht den Rest des Lebens damit hadern. Es ist passiert, aus und vorbei. Es gehört zur Vergangenheit. Jetzt kommt die Zukunft. Jeder Tag birgt eine neue Chance. Packen wir sie einfach beim Schopf.

Über Fehler nachdenken
Wenn wir nur über alte Fehler nachdenken, wird sich gar nichts tun. Alles bleibt wie es war oder wird noch schlimmer. Man wird immer frustrierter. Über eines sind wir uns wohl im Klaren: Millionäre haben einfach eine andere Einstellung zum Leben, sonst wären sie nie soweit gekommen. Mit Frust und Jammern schlägt man jeden gleich in die Flucht. Oder es bleibt bei einem One-Night-Stand. Das kann ganz lustig sein, ist jedoch nicht Ihr Ziel. Oder?

Immer wieder starten
Wir haben das große Glück immer und immer wieder, so lange wir leben, das Ruder voll und ganz in die eigenen Hände zu nehmen. Es liegt ausschließlich an uns.

Kein Wehklagen
Wenn eine Chance vertan ist, ergreift der Erfolgreiche gleich die nächste und hadert nicht lange. Das wäre reine Zeitvergeudung. Es geht weiter. Jetzt erst recht, denn es geht um das Wertvollste überhaupt, um Ihr Leben.

Anforderungen an Sie

Klar wird es für Sie ein neues Leben geben. Je nachdem, was Sie bisher gewohnt waren, müssen Sie sich ein wenig umstellen. Man nennt dies die Form der Selbstdisziplin. Das ist gar nicht so schwierig. Es geht um Folgendes: Sie müssen an sich und Ihre Fähigkeiten glauben und dürfen nie von diesem Glauben abrücken.

Zurückhaltung
Dies ist eine der ganz wichtigen Tugenden. Es gibt nichts Schlimmeres für einen Geschäftsmann, als eine Frau neben sich, die einfach nur drauflos quasselt und ihm ins Wort fällt. Zurückhaltung weckt schnell den Beschützerinstinkt. Es gibt nichts Schlimmeres, als vorlaut zu sein. Zurückhaltung gilt auch beim ersten Mal. Heutzutage hat sich eine relativ lockere Lebensweise breit gemacht. Auch wenn er Ihnen noch so gefällt, die Lust Sie überkommt, warten Sie.

Gewöhnungsphase
Wenn das Ziel zu leicht zu erreichen ist, dann verliert man sehr oft die Freude daran. Zusätzlich war gar keine Zeit da, sich an Sie zu gewöhnen, es spannend zu machen. Erfolgreiche Männer sind es gewohnt, immer gleich alles zu bekommen. Und wenn es jetzt mal nicht so ist, ist ihr Ehrgeiz geweckt, dann wollen sie es wissen.

Testen Sie es
Wenn Sie unsicher sind, das nicht ganz glauben, testen Sie es einfach. Wie sagen die Amerikaner so schön? „Learning by doing!" Das war schon immer die beste Devise. Wenn Sie von anderen lernen und Dinge annehmen können, umso besser. Wenn nicht, müssen Sie eben die Erfahrungen selbst sammeln. Das ist weiter nicht tragisch. Sie benötigen einfach mehr Zeit. Wenn Sie das wissen und entsprechend einkalkulieren, kann es gleich losgehen.

Nett

Ist eine Grundvoraussetzung, seien Sie nett und immer zuvorkommend. Wie oft hörte ich da schon: „Ich bin, wie ich bin und so muss er mich halt nehmen." Das ist keine gute Ausgangsbasis. Sie müssen sich nicht verbiegen, sollten aber zumindest so auftreten, dass man sich gern in Ihrer Gesellschaft bewegt.

Liebenswürdig

Das versteht sich von ganz alleine. Wenn jemand liebenswürdig ist, dann ist er es auch würdig, dass man zu ihm aufschaut, ihn gerne um sich hat, dass man ihn buchstäblich lieb haben muss. Was gibt es Schöneres? Dabei können Sie immer noch Sie selbst sein.

Höflichkeit

Sie gehört genauso dazu. Was zum Herzen hin will und soll, muss auch vom Herzen kommen. Dies ist der direkteste und schnellste Weg. Höflichkeit ist eine Zierde und macht sich sehr gut. Auch da lief schon einiges schief, nach dem Motto: Das habe ich nicht nötig. Das tue ich nicht und so weiter. Was heißt schon, das habe ich nicht nötig? Immer wenn ich diesen Satz ausspreche, dann habe ich es erst recht nötig.

Anpassungsfähigkeit

Sie ist eine große Tugend. Viele setzen sie mit Selbstaufgabe gleich, dabei hat das eine nichts mit dem anderen zu tun. Sie sollten sich niemals selbst aufgeben, sondern weiterentwickeln und auf Ihren neuen Partner eingehen. Das ist eine sehr schöne Sache, Schritt zu halten und sich in Richtung Partner zu entwickeln, ohne sich selbst dabei zu verlieren.

Weiterbildung

Das ist ein großes Schlagwort! Wer sich heute nicht weiterbildet, bleibt über kurz oder lang stehen. Das kann man sich heutzutage gar nicht mehr leisten. Zeigen Sie Interesse an allem was geschieht, an den Dingen, die Ihr Partner tut, auch wenn Sie dabei manchmal das Gefühl haben, dass es Sie nicht wirklich interessiert. Beschäftigen Sie sich erst einmal mit der

Materie. Knien Sie sich eine Zeit lang rein, dann können Sie immer noch sagen: „Interessiert mich nicht." Es gibt nichts Schöneres, als Verständnis rüberzubringen. Erfolgreiche Menschen sind sehr oft einsam und alleine. Geben Sie ihm unbedingt das Gefühl, dass er sehr wichtig ist, Sie gerne für ihn da sind und ihn verstehen.

Verständnis
Verständnis sollten Sie haben und auch zeigen. Den anderen zu verstehen ist eine große Kunst. Bis er diesen Erfolg hatte, hat es lange gedauert. Er hat dabei viel mitgemacht und erlebt. Wir sprechen hier kaum von den wenigen Millionärssöhnchen, die es gibt. Verständnis haben kann ich jedoch nur, wenn ich eine Materie beherrsche. Ich denke hier an einige Frauen, die ewig am Jammern und Lamentieren waren, weil ihr Partner abends oft spät nach Hause kam. Weil einfach noch wichtige, geschäftliche Dinge anlagen. Doch von alleine entsteht kein Vermögen. Da muss man schon sehr viel Leistung und Engagement erbringen. Dies geschieht niemals im Schlaf. Wenn eine Frau daran partizipieren möchte, dann sollte sie erst recht Verständnis für den Mann zeigen, der so engagiert ist und letztlich die Brötchen nach Hause bringt. Dafür sorgt, dass Sie so einen hohen Lebensstandard führen kann – und bitte kein Theater.

Mithilfe anbieten
Leider ruhen sich viele Frauen auf ihrem Erfolg aus. Sie glauben, damit hätte sich alles erledigt. Wir haben sehr oft erlebt, kaum am Ziel geglaubt, sich die Frau zurückgelehnt hat und dachte: Jetzt ist alles gerettet. Die Zeit ist jedoch viel zu schnelllebig, wie gewonnen so zerronnen. Unterstützung der gemeinsamen Sache ist hier die klare Devise. Wenn Sie nicht aufpassen, verlieren Sie Ihren „Goldfisch" wieder.

Unentbehrlichkeit
Machen Sie sich unentbehrlich, das bindet Ihren neuen Partner an sie. Erfolgreiche Männer kommen viel herum, haben viele Kontakte und sind für Frauen sehr interessant. Die Chance, dass Sie ihn wieder loswerden, ist relativ groß. Durch Ihr volles Engagement wird er gar nicht mehr auf Sie

verzichten können. Er wird seinen Schatz zu Hause „Sie" sehr schätzen. Er weiß, was er an Ihnen hat, dass Sie in allen Belangen für ihn da sind. So schnell wird er nicht wieder so eine großartige Partnerin finden. Nur, das müssen Sie sich verdienen. Das geschieht nicht von alleine.

Kontaktfreudigkeit

Sie sorgt dafür, dass er mit Ihnen gerne unterwegs ist. Denn es gibt für Erfolgreiche nichts Schlimmeres, als einen so genannten Muffelkopf dabei zu haben. Eine Person, mit der man sich vielleicht sogar blamiert oder für die man sich schämen muss.

Der große Fehler

Sich nach dem Erfolg einfach nur gehen lassen, ist einer der größten Fehler, den Sie begehen können. Denken Sie daran: Die meisten Männer halten immer Ausschau nach der nächsten Frau. Vielleicht geht es Ihnen jetzt so wie vielen anderen Teilnehmerinnen. Die meisten wollen das nicht glauben.

Er kann doch froh sein
Kommen Sie deshalb nie zu dem Trugschluss, dass Sie selbst unfehlbar sind und er froh sein kann, so etwas Gutes wie Sie überhaupt gefunden zu haben. Dass Sie vielleicht sogar unersetzbar sind. Jeder Mensch ist jederzeit austauschbar. Wenn Sie es nicht mehr bringen, und davon können Sie überzeugt sein, sind Ihre Tage gezählt.

Siebung und Auslese
Eines beherrschen erfolgreiche Männer: Das Gesetz der Auslese. Sie wissen was sie wollen, und auch was sie nicht wollen. Wir sprechen hier von Männern, die sich aus eigener Kraft etwas aufgebaut haben, nicht von verwöhnten Dandys, die durch ein Erbe zu Geld gekommen sind. Die verhalten sich in der Regel anders.

Erfolgreiche brauchen den Kick
Wenn Sie keine Herausforderung mehr sind, dann werden Sie schnell langweilig. Darum sollten Sie sich stets interessant machen und geben Sie ihm vor allem nie das Gefühl, dass er Sie mit Haut und Haaren haben kann. Seien Sie sehr sparsam mit den Worten: Ich liebe Dich! Auch wenn Sie es so empfinden. Vor diesen Worten fürchten sich die meisten Männer wie der Teufel vor dem Weihwasser.

Sie können jetzt alles glauben oder nicht

Das ist das große, alte Thema. Vielleicht gehören Sie auch zu denen, die vieles einfach besser wissen. Dann sollten Sie das Buch weglegen. Die Fragen sind einfach: Was wollen Sie? Was wollen Sie wirklich? Wonach sehnt sich Ihr Herz? Wovon träumen Sie? Wo vergehen Sie fast vor Leidenschaft?

Lernen von Erfolgreichen

Wenn Sie das spezifiziert haben, dann tun Sie es. Vor allem sollten Sie einfach nur von Erfolgreichen lernen, wie es alle erfolgreichen Menschen dieser Erde tun. Sie haben ihre Topberater, die sich auskennen, die große Koryphäen auf ganz bestimmten Gebieten sind. Jeder Erfolgreiche hat immer seinen Berater zur Hand, neudeutsch auch Coach genannt. Was wären all die Sportler auf dieser Erde ohne ihre Trainer, die sie täglich fordern und fördern?

Wieso das Rad neu erfinden?

Ihr Leben reicht nicht aus, um alle Erfahrungen, die andere schon gesammelt haben, selbst zu machen. Oft heißt es: Tja, jeder muss seine eigenen Erfahrungen sammeln. Na klasse, wenn Sie das gerne haben möchten, können Sie es natürlich so umsetzen.

Spezialisten für Sie

Es gibt für alles einen Spezialisten und es ist immer sinnvoll, diesen zu konsultieren. Wenn Sie zum Erfolg kommen möchten, fragen Sie ausschließlich die Menschen, die sich auskennen. Das ist der absolute Königsweg.

Coaching, die ideale Form

Coaching heißt das Zauberwort. Was gibt es leichteres, als sich von jemand Erfolgreichem coachen zu lassen. Coaching heißt Förderung und zugleich auch Forderung. Ihr Coach bringt Sie auf Vordermann. Er zeigt Ihnen, wie es geht. Er unterstützt Sie und hilft Ihnen, auf dem richtigen Weg zu bleiben. Sie kennen es bestimmt, auf dem Weg zu irgendwelchen Wünschen und Träumen kommt man sehr schnell vom Pfad ab. Wie schade, dass dadurch die meisten guten Vorsätze verschwinden.

Der Alltag ist zu umfangreich

Der Alltag hat eine sehr große Macht. Wir fallen sehr schnell in die alten Denk- und Handlungsgewohnheiten zurück. Da benötigen Sie jemanden, der Sie trainiert.

Top Sportler nur mit Trainer

Vergleichen Sie es mit Sportlern, da verhält es sich genauso. Sportler haben immer einen Trainer oder Manager. Ohne sie gäbe es nie so viel Erfolg. Auch alle erfolgreichen Geschäftsleute haben ihren Coach. Nur Otto-Normalverbraucher glaubt, darauf verzichten zu können oder nimmt sich als Beraterin die beste Freundin, vielleicht sogar die Mama.

Kluge Sprüche

Wie oft hörte ich schon den Ausspruch: „Kind, du musst halt schauen, dass du dir einen reichen Mann angelst! Dann musst du nicht mehr arbeiten, bist alle Sorgen los. Der wird alles für dich machen. Du kannst dein Leben genießen."

Alles ist so einfach

Das hört sich sehr gut an, vor allem sehr klischeehaft. Wenn das nur so einfach wäre. Mit diesem Gedanken stolpert das Töchterchen durch die

Welt, stets auf der Suche nach dem vermeintlich reichen Mann. Nur kennt sie die Strategien nicht. Sie träumt davon, wie schön es wäre, wirft sich dem Erstbesten an den Hals. Auf die Frage: „Wieso hast du das gemacht? Der ist doch gar nicht reich?" Kommt die Antwort: „Ach, der ist aber so lieb!" Das ist natürlich ein Argument und schon nimmt alles seinen Lauf. Die Zeit läuft und läuft, man ist blockiert für etwas Neues.

Wechseln Sie die Jagdgründe

Wie heißt es so schön: Man fischt immer nur in den eigenen Jagdgründen, sucht nur in seinem Umfeld. Das reicht aber nicht. Hier werden nur die gleichen Fische anbeißen.

Strategien müssen verfolgt werden

Ohne klare Strategien läuft rein gar nichts. Einen Wunsch zu haben und nicht danach zu handeln, ist mehr als töricht. Wünsche gehen nicht von alleine in Erfüllung. Auf den großen Märchenprinzen zu warten, der irgendwann einmal des Weges kommt, ist unklug.

Die Regenbogenpresse
Da gibt es die tollsten Storys aus der Regenbogenpresse. Von der Straße gleich ab ins Paradies. Die Wahrscheinlichkeit, vom Blitz getroffen zu werden, ist wesentlich höher. Anstatt sich auf andere zu verlassen, sollten Sie sich nur auf sich selbst verlassen. Verfolgen Sie klar und gezielt Ihre Strategien und lassen Sie sich von nichts ablenken.

Das Gesamtbild
Dazu gehört Verzicht, wenn Sie einen netten Mann kennenlernen und dieser nicht Ihren Vorstellungen entspricht. Wenn Sie so manche Schwachstelle feststellen, wissen Sie ganz genau, was zu tun ist. Dann darf es kein Wenn und Aber geben, sonst gewöhnen Sie sich wieder aneinander. Einmal mehr in der Hoffnung, dass sich alles noch irgendwie ändern wird.

Veränderungen wohl kaum
Die Erfahrung hat eines gezeigt: Die Chance, dass sich in Ihrem Sinne etwas ändert, ist minimal. So gibt es unendlich viele Partnerschaften, in denen die Partner darauf warten, dass alles vielleicht noch gut wird. Das Ende vom Lied sehen wir Tag für Tag. Die unzähligen Scheidungen sprechen eine mehr als deutliche Sprache.

Jeder Mensch hat seine Grundzüge

Diese hat er mit auf den Weg bekommen. Sie werden ihn ein ganzes Leben lang begleiten. Einmal das Ererbte und dann das Erworbene.

Wunder, wie schön
Erwarten wir keine Wunder. Wieso soll sich jemand ändern? Wir haben gar nicht das Anrecht darauf. Diese ewige Manipulation führt sowieso immer nur zu Stress, für beide Seiten. Wenn jeder den anderen in Ruhe lassen würde, gäbe es viel mehr Harmonie und weniger Streit. Auch die Scheidungsrate ginge zurück.

Zu hohe Erwartungen
Das Problem dabei sind natürlich auch immer wieder die zu hohen Erwartungen, mit denen man ins Rennen geht. Diese kann kaum jemand erfüllen. Sie wissen doch wo es hinführt, wenn Sie zu hohe Erwartungen haben? Sie werden enttäuscht. Wie es das Wort schon ausdrückt, die Täuschung hat damit ein Ende gefunden. Anstatt daraus zu lernen, geht das Spiel gerade wieder so weiter. Jetzt kommen die ganz üblen Vorwürfe: „Du hast dich noch immer nicht geändert! Ich habe dir doch schon so oft gesagt ...! Wann kapierst du das endlich! Wenn du so weiter machst, dann ...!"

Chaos, Frust und Streit
Ich bin mir sicher, dass Ihnen das Ganze gar nicht so unbekannt ist. Und zu was führt es? Ins Chaos, zu Streitereien und Frust ohne Ende. Dabei ist das Leben viel zu kurz. Seien Sie klug, lernen Sie daraus.

Änderungen, wozu auch
Wir haben festgestellt, dass es kaum eine Änderung geben wird. So ist es viel besser, bereits im Vorfeld die Dinge richtig abzuklären. Vergleichen

Sie es mit folgender Situation: Sie möchten heute Abend gerne italienische Spaghetti essen und gehen einkaufen. Doch Sie kaufen statt Spaghetti Kartoffeln. Zu Hause möchten Sie Ihre italienischen Spaghetti essen, es sind aber keine da. Versuchen Sie nun, aus Kartoffeln Spaghetti zu machen? Glauben Sie, das wird Ihnen gelingen? „Natürlich nicht," werden Sie jetzt sagen. „Das ist völliger Quatsch. Das weiß man doch." Ja klar, weiß man das, und trotzdem wiederholt man solche blöden Dinge immer und immer wieder.

Aufpassen heißt die Devise

Es heißt ganz klar, das nächste Mal beim Einkaufen aufzupassen. Eine neue Partnerschaft einzugehen ist letztlich auch nichts anderes, als einkaufen gehen. Sie kaufen sich Ihren neuen Partner ein, und da Sie ihn nicht ändern können, müssen Sie schon sehr gut aufpassen, dass er voll und ganz Ihren Vorstellungen entspricht.

Keine Kompromisse

Genau da ist der Punkt erreicht, wo viele Menschen wieder anfangen, Kompromisse einzugehen. Sie wissen selbst, Kompromisse stellen immer eine faule Ausgangsbasis dar. Hören wir lieber damit auf. Nach der Devise: Für mich ist das Beste gerade gut genug!

Was wollen Sie jagen

Sie müssen bei der Suche nach einem Partner klare Prioritäten setzen. Was will ich? Was will ich wirklich? Vor allem auch: Was will ich nicht mehr?

Feste Partnerschaft oder nicht

Unterscheiden Sie ganz klar, ob Sie eine feste Partnerschaft möchten oder nur Spaß. Das ist völlig legitim. Das was uns seit vielen Jahrhunderten immer wieder gepredigt wurde, ewige Enthaltsamkeit und sonstiger Schwachsinn, entspricht niemals dem menschlichen Naturell. Dass daraus so viel Stress entsteht, ist nur natürlich. Wie heißt es so schön: Erlaubt ist, was Spaß macht – solange kein anderer dabei in Mitleidenschaft gezogen wird.

Einfach nur Spaß und Sex

Wenn Sie einfach Lust haben, nur mal Sex wollen und keine Partnerschaft, sollten Sie dies auch tun. Nur dabei aufpassen, dass Sie sich nicht verlieben, sonst haben Sie irgendwann wieder ernsthafte Probleme.

Das Leben ist so schnell vorbei

Wir leben alle so, als gäbe es nie ein Ende. Das ist mehr als töricht. Wenn wir eines Tages aufwachen, ist es womöglich zu spät.

Machen Sie sich Gedanken
Das kommt leider nur daher, dass man sich zu wenig Gedanken macht, was man wirklich möchte. Für alles lässt man sich viel mehr Zeit, ein neues Kleid, eine neue Waschmaschine, das wird alles zu einem großen Akt. Dabei geht es nur um so genannte Banalitäten. Hier geht es wahrlich ums Leben, um unser eigenes Leben. Wachen wir lieber auf und machen eine Meisterleistung aus dem was wir im Moment haben, wissen und können. Denn bereits morgen könnte es schon vorbei sein.

Ich wünsche Ihnen von ganzem Herzen die Kraft und Power, Ihr Leben entsprechend durchzuziehen.

Ihr Ernst Crameri

Lehrgang

Zu allen Bereichen gibt es natürlich sehr viel mehr zu sagen. Es würde das Buch bei weitem sprengen. Wenn Sie wirklich ernsthaftes Interesse daran haben, Ihr Leben zu ändern, dann besuchen Sie den Lehrgang. Knien Sie sich in die Thematik rein, lernen Sie alles von Grund auf. Es macht riesig Spaß, sich in der Gruppe unter gleich Gesinnten in das Thema „Ein Millionär als Traumpartner" einzuarbeiten.

Möchten Sie daraus sogar einen Beruf erlernen, besuchen Sie den Lehrgang zum Partnerschafts-Coach.

Weitere Informationen enthalten Sie direkt bei:

Crameri-Naturkosmetik GmbH
Am Kurpark
67098 Bad Dürkheim
Tel. 06322-5734
Fax 06322-66071
Mail: crameri@crameri.de
Homepage: www.crameri.de
www.partnerschaftscoach.de

Nicht nur Menschen, die für Ihre Partnerschaft neues erfahren möchten, sollten sich das Dienstleistungsangebot der Crameri-Naturkosmetik GmbH einmal genauer ansehen. Neben dem Vertrieb von eigenen, zertifizierten Naturkosmetik-Produkten, findet man im Portfolio der Firma vier weitere Säulen:
Im Bereich Beauty&Wellness wurden neue Trends gesetzt. So beispielsweise

Doggy-Wellness, ein Schönheitsurlaub für Mensch und Hund. Bekannt durch zahlreiche Berichte in Funk und Fernsehen.

Mit Baby-Wellness spricht die Firma eine völlig neue Zielgruppe an: Mütter und ihre Kinder, die gemeinsam entspannte Tage verbringen möchten.
Auch für die Zukunft sind neue, einzigartige Angebote im Beauty&Wellness-Bereich geplant. Sie dürfen gespannt sein.

Die Crameri-Naturkosmetik GmbH unterstützt Sie aktiv dabei, neue Wellness-Ideen auch in Ihrem Alltag umzusetzen oder gar eine Selbständigkeit aufzubauen. Egal ob Wellness- oder Management-Lehrgänge, nur bei wenigen Anbietern wird Ihnen ein solch umfangreiches Paket geboten. Selbst ein individuelles Coaching ist möglich. Dabei wird ständig auf die Entwicklung am Markt reagiert. Ein Beispiel hierfür ist die Einführung von Telefonschulungen. Regelmäßig wird zu Telefonkonferenzen eingeladen, die Ihnen noch schnellere Informationen bieten. Sie wählen sich zu einer bestimmten Uhrzeit in einen Konferenzraum ein und verfolgen den Vortrag. Sie haben immer wieder die Möglichkeit, Fragen zu stellen oder sich mit anderen Teilnehmern auszutauschen. Nebenbei sparen Sie viel Geld, da Sie auf Reise- und Übernachtungskosten verzichten können.

Wenn es noch etwas mehr sein soll, dann sei der Blick auf den Bereich Event-Reisen empfohlen: Kurz mit dem Privat-Jet in den Schweizer Nobelort St. Moritz oder zu der Formel 1 nach Monaco, ist mit Crameri-Naturkosmetik kein Problem. Hier gibt es ständig Events, die sicherlich auch Sie interessieren.

Am besten abonnieren Sie gleich unseren Newsletter.